ザ・捕手

〜私が出会った
監督・選手たち

木俣達彦

中日新聞社

出版にあたって

出版にあたって

現役19年、そして解説者生活28年。プロ野球と関わり続けた人生だ。言い換えればプロ野球のおかげで生きられた人生だ。それならば、これからのプロ野球の在り方を提言するのが私の責務だろう。そのキーワードは「面白い野球」と「感性」だ。そのためには戦後プロ野球を創り上げた大監督、名監督、そして、極限を究めた選手たちの足跡を辿《たど》ることが大きなヒントを与えてくれるのではないか。

「2位じゃダメなんでしょうか」

事業仕分けが世間の注目を浴びたころ、スーパーコンピューター開発についてのやり取りの中で出てきた言葉だが、この部分だけが独り歩きした感じだ。蓮舫さんの肩を持つわけではないが、私は「2位でも誇れる2位がある」と確信している。現役生活11年目、私の打率は3割2分2厘、王貞治さんは3割3分2厘で3冠王を獲得。私は王さんと打率部門で最後まで争いながらも結果は2位だった。その4年前、私は30本塁打を放ったが、その時も王さんに次いでの2位だった。決して悔いはない。王さんと争ったこと、そのことが誇りだと思っている。現役20年まであと1年、2000本安打まであと124本。もうすぐのところでユニホームを脱いだ。そんな自分の軌跡を振り返ってみた。

私は、東日本大震災直後から、ラジオ番組で「開幕日は4月に延期すべし」と言い、パ・リーグが4月12日開幕を発表した時には「セ・リーグも同調すべし」と主張した。それだけにセ・リーグ理事会の決定が腹立たしくてならなかった。そんな時、仙さん（星野仙一）が「背広組は有事なのに、平時のように机の上でやっとるからいけない。平和ボケしとる」とのコメントを中日スポーツ紙上に載せた。胸のつかえがとれた。やっぱり球友だ。思いは同じなんだ。捕手として19年、さまざまな選手とめぐり合った。思い返してみたい。

「野球を始めた小学校からプロ野球引退まで生涯捕手を貫き通したのも、責任を転嫁しない木俣さんが大切にされていた他者への気配り、心配りであり、そして何よりも強靭な精神力の賜《たまもの》だと思う。投手が甘いコースへ投げたり、サインに首を振り、自分の投げたい球種を投げて打たれても、決して投手の責任にせず、自分で責任をかぶっていた木俣捕手の姿が忘れられない。」

こんな便りを寄せてくださったファンの皆様に喜んでいただけるような本になればと願っている。

目次

第Ⅰ章　感動は共通の言葉

長嶋監督最後の年、ナゴヤドームで取材

1　戦後のプロ野球を築き上げた監督たち

1946年（昭和21）南海監督に就任した鶴岡一人さんが、23年間という超長期政権の中で試みた様々な戦法や選手育成法を基に、戦後の日本プロ野球では、二つの監督としてのタイプが出来上がっていく。一つは、選手を自由にやらせて、良い結果を出そうとするものだ。三原脩監督に始まり、大下弘（1968年東映）監督へと受け継がれる。門限なし、サインなし、罰金なしで臨んだ大下さんだったが、結果を出せず1年で解雇されてしまう。しかしこの流れは、仰木彬監督へと続く。奇しくも大下さんと仰木さんとは三原監督の下で選手時代を過ごした間柄だ。

中日では与那嶺要監督がそうだった。与那嶺さんはアメリカンスタイルで、グラウンドでは厳しかったが、私生活はノータッチだった。日本の練習の多さに反対し、練習時間は極めて短かかった。後は自分で考えなさいというやり方で「やらされる練習ほど無意味なものはない」というのが持論だった。その中から個性ある選手が多く育ち、1974年（昭和49）中日優勝の原動力となる。近藤貞雄監督も、与那嶺さんの流れを汲《く》み、投手の分業システムを作り上げるが、私生活のことはとやかく言わなかった。

そしてこれらの流れを完結させたのが権藤博監督だ。権藤さんは、三原監督の門下生稲尾和久さんや仰木彬さんとはゴルフ仲間、酒飲み仲間であり、ともに九州出身だ。

これとは反対の手法で成功したのが、川上哲治監督を始祖とする監督たちだ。川上さんは、石橋を叩いても渡らぬ慎重さで、ベースボールを野球道にしてしまう。これは野球だけでなく管理社会のモデルへと変化する。川上野球の流れは、広岡達朗監督、森祇晶監督へと引き継がれていく。そこに、森さんのデータ重視の作戦が加わり、「ＩＤ野球」を掲げた野村克也監督により管理野球のニューモデルが完結する。

ところが、この二つの流れだけでは位置付けられない監督が登場する。長嶋茂雄監督だ。そこで、私は従来の管理・データ重視か放任・感覚かという横軸に対し、理性と感性という縦軸を考えてみた。これが〈図―1〉だ。

日本プロ野球も近年は動作解析ソフトなどを使い、相手チームを分析し、それなりの効果をあげている。ところが本場アメリカ大リーグでは、この解析のようなものはほとんど使われていないという。多分その根底には、ベースボールはおおいなる娯楽、うんと楽しもうという発想があるのだろう。勝つことを使命と考える日本の国民性との違いかもしれない。最先端の文明の利器は使うべきだ。しかし、あまりにも機械に頼り過ぎると楽しさが半減される。所詮《しょせん》、機械は機械。動作は分析できても感情は分析できない。長嶋監督のように「私のカンピューターの方が正しい」という監督が現れてもいいと思うのだ。

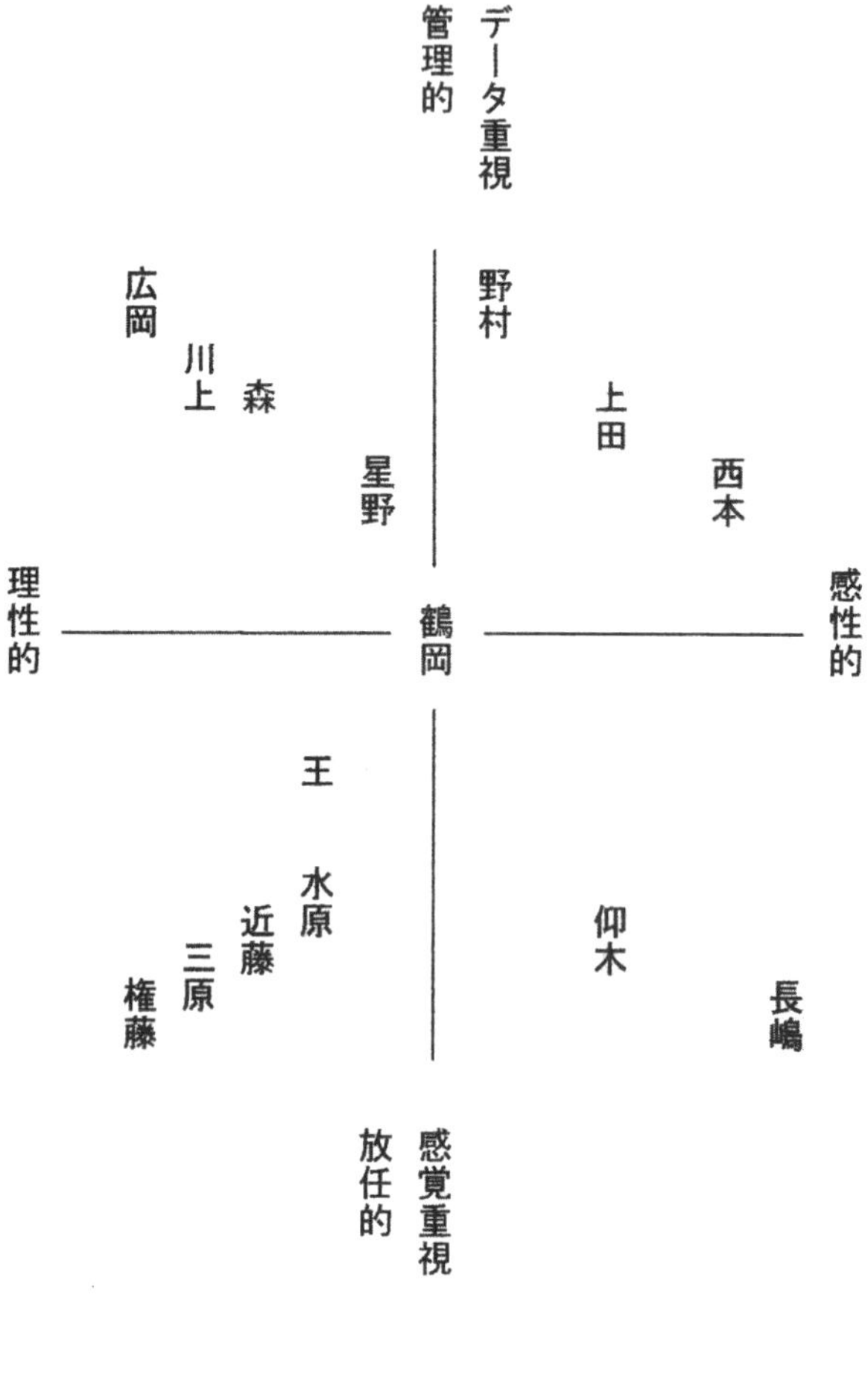

〈図―1〉木俣流監督分類

もう一度、〈図―1〉へ戻っていただきたい。座標でいう第4象限（編注…右下）に位置付けられる監督が多数現れた時、プロ野球が本当に面白い時代を迎えるのではなかろうか。ちなみに、仰木監督は「勝負よりも感動を大切にしたい」と言っているのだ。こんな視点で、以下の監督像をお読みいただければ幸いだ。

なお、1960年代から、アメリカの大リーグ経験者たちが数多く日本のプロ野球に参加し始める。彼らが監督の目指すチーム作り、戦法に大きな影響を与えた例も少なくない。ここでは、阪急で活躍したダリル・スペンサー、南海のドン・ブレイザーについてもそれぞれの監督の所で触れることにする。

（1）全ては鶴岡一人監督から始まる

南海　1946年（昭和21）〜1968年（昭和43）

戦後プロ野球を支えた様々な監督像の源は、その多くが鶴岡監督にあると言ってもいい。1946年（昭和21）復員と同時に、南海監督に就任し、その後7年間選手としても活躍する。食料すら事欠く戦後の混乱期、野球のみならず生活の面倒まで見た監督を選手たちは「鶴岡親分」と呼び慕った。監督が最初に手掛けたことは、選手のプロ意識の向上だった。「グラウンドにはゼニが落ちている」という名セリフがそれを象徴している。

チーム編成においては三つの先駆的な試みがみられる。一つは、「機動力野球」に対応できる俊足でしかも野球を良く知る選手を集めたこと、二つは、大学のスター選手を獲るだけでなく、無名選手もテスト生から育てたり、外国人選手を入団させたりしたことだ。そして三つには、選手獲得に当たっては、鶴岡監督の知り合い、知人からの紹介が中心だったが、これが「スカウト制度」へと発展する。また、監督自身がチーム編成や契約金の決定にまで関わるなどゼネラルマネジャーとしての役割も果たしている。

鶴岡さんは「データ野球」を導入した最初の監督だ。巨人各打者のデータを収集し、それをもとにした野村克也捕手からのサインで外野手が1球ごとに守備位置を変える。これでピンチを切り抜けた1959年の日本シリーズは、それまでになかった戦法として注目された。今では当然のことであるが、偵察のためにスコアラーを先乗りさせたのも鶴岡さんだ。

鶴岡さんは1953年から専任監督となり、一球団の監督としては日本プロ野球史上最長の23年間指揮をとることになる。1950年パ・リーグ発足後の19年間で、優勝9回（うち日本一2回）、2位9回、3位以下はわずか1回という驚異的な成績で、南海黄金時代を築いた監督だ。

私に最初にプロへの誘いの声を掛けてくれたのが鶴岡さんだった。高校3年の時、同級生の林俊宏（投手）と一緒に誘われた。林は入団したが、私は考えた末に大学進学を選んだ。

(2)「グラウンドの恥は、グラウンドでそそぐ」水原茂監督

巨人　1950年（昭和25）〜1960年（昭和35）
東映　1961年（昭和36）〜1967年（昭和42）
中日　1969年（昭和44）〜1971年（昭和46）

「三原排斥《はいせき》運動」の流れに押され巨人監督に就任した水原さんは、アメリカ野球の熱心な研究者でもあった。それは、ニューヨーク・ジャイアンツに似たユニホームの着用、試合ではブロックサインの導入などの形で表れる。水原監督の下、巨人は1951年（昭和26）からリーグ3連覇、日本一、1955年も日本一と巨人第2期黄金時代を築く。しかし、1956年から4年間、リーグ制覇はするものの日本シリーズで敗退。結局「グラウンドの恥は、グラウンドでそそぐ」と名言を残し監督を辞任する。実はこの4度の敗退のうち3度が巨人を追い出された三原脩監督率いる西鉄であったことが「巌流島の決闘」を一層脚色していく。1956年（2勝4敗）、1957年（4敗1分）、1958年（3勝4敗）とすべて三原監督の前に敗れ去るのだ。

なお、水原監督は中日時代に三原監督率いるヤクルトと1シーズンだけ対戦している。そ

の時の成績は12勝12敗1分け、互角だった。水原監督の巨人11年間は、1位8回、2位2回、3位1回とこれも驚異的な成績と言っていいだろう。そして、オーナーや社長の発言権が絶大な巨人にあって、時として敢然と立ち向かう姿は軍隊経験者のみが持つ強さであろうか。聞けば、戦友の3分の1は帰らぬ人となったという。その後東映オーナーの大川博さんに「金は出すがクチは出さない」と口説かれ監督に就任したと言われるが分かる気がする。

水原采配は、ライバル三原監督と対照的であるかといえばそうではない。これと思う選手の可能性を信じ、とことん使い続けるし、選手の自主性を尊重する場面も多く見られる。そして、アメリカ野球に精通した与那嶺要さんを重用したことが何よりの証明でもある。しかし、その一方で、東映では主砲張本勲さんに守備固めの交代を命じたり、中日では主砲江藤慎一さんの言動を理由に放出するなど非情な面も見せる。なお、東映、中日を通しては、リーグ優勝、日本一を各1度果たしている

(3)〝987654321〟三原脩監督

巨人　1947年（昭和22）～1949年（昭和24）
西鉄　1951年（昭和26）～1959年（昭和34）
大洋　1960年（昭和35）～1967年（昭和42）

近鉄　　　　１９６８年（昭和43）～１９７０年（昭和45）
ヤクルト　　１９７１年（昭和46）～１９７３年（昭和48）

戦後のプロ野球の監督の中で、放任主義的な選手育成を最初に試みたのは三原脩さんだ。選手の自主性に任せ、その能力を最大限に引き出そうとする野球を自ら遠心力野球と呼んでいた。これに対し選手が将棋の駒のように各々の役割を果たそうとする野球を三原さんは求心力野球と名付けていた。

巨人から西鉄に移った三原監督と、後に就任した巨人水原監督との「巌流島の決闘」のクライマックスは１９５８年（昭和33）の日本シリーズだ。ここでは西鉄が第１戦から３連敗するものの、第４戦以降は稲尾和久投手の活躍で４連勝し、逆転日本一を勝ち取る名勝負を残している。放任主義的な野球の面目躍如たる場面でもあった。

三原監督といえばその戦法が「三原マジック」と呼ばれるほど極めて奇抜であり、相手チームだけでなく、観衆までが度肝を抜かれた。西鉄時代には、つなぐ役割が期待される２番に強打者を配置しいきなり大量点を狙う〝水爆打線〟を編み出している。また、大洋時代の１９６２年、９月22日の中日戦では発表した先発メンバーのうち７人が偵察メンバーで、試合開始後にはそれを全員主力選手に交代させた。実はこの先発メンバーはかなり手が込んでいる。守備位置順に並べると、〝９７８６５４３２１〟となるのだ。３番近藤和彦中堅手は不動であったため動かせなかったのだろうが、この凝りようを知った中日濃人渉監督がかなり頭にきたというからマジック効果は大きかったようだ。また、特筆されるのは権藤正利投手をリリーフエースとして起用したことだ。分業制が言われ出す20年以上も前のことだ。

三原監督は通算27年間のうち６回のリーグ優勝、うち４回は日本一に輝いている。明治生まれでは最後の監督となったがプロ野球史に名を残す監督だ。なお、三原監督については、監督像のモデルとして後述する。

(4) 〝野球道〟を確立した川上哲治監督

巨人　１９６１年（昭和36）～１９７４年（昭和49）

打者では長嶋茂雄さん、投手では藤田元司さん以外には信頼できる戦力が不在の中で就任した川上哲治監督は、同じような状況ながら毎年優勝争いをしているドジャースの戦法に注目し、就任早々その実践に入る。鬼軍曹別所毅彦コーチが中心となり、選手たちに猛練習を課す。また、牧野茂コーチが中心となりサインプレーや守備のカバーリングなどを徹底していく。この厳しさはグラウンドでは「全てサイン通りに動く」ことが求められるだけでなく、門限厳守、禁酒、禁煙、ネクタイ着用、大声ではっきりした挨拶《あいさつ》など私生活にまで様々な規制となって現れる。さらに「哲のカーテン」と呼ばれた厳しい取材規制を行うなど情報管理を徹底させるとともに、川上監督自らがスカウト部長を兼任するなど、グラウンドだけでなくチーム編成の面でも絶大な権限を掌握していく。このような独裁的な体制の下、レギュラー選手たちがその地位に安住しないよう、他チームから有力選手を入団させるなど絶えず刺激を与えながら戦力の向上を図っていく。その結果、14年間監督在任中に9年連続（V9）を含む計11回の日本一というとんでもない記録を残すこととなる。

しかし、王さん、長嶋さんがタイトルを独占し巨人が勝ち続けると、ファンやマスコミがこれに飽きてしまい「川上野球はセオリー通りで面白みに欠ける」との批判が出始める。川上監督も「勝てば勝つほどこれではプロ野球がつぶれてしまうと言われ、なんのために野球をやっているのか分らなくなった」と嘆いている。「柴田勲、土井正三、王貞治、長嶋茂雄」と固定された後の5番だけを入れ替えるという苦肉の策（？）もこうした批判へのせめてもの配慮だったのだろう。V10の夢が破れると同時にユニホームを脱ぐ。

川上さんは、石が好きだった。愛情をこめて磨けば必ず光るとの信念のもと、四六時中磨き続けて指紋が消えてしまったという話が残っている。石への思いは選手育成にも通じる。これと思う選手には特訓、特訓、また特訓を繰り返した。

選手時代、打撃の極意を「ゆっくりした〝間〟をつくり、相手を自分の〝間〟の中に引きずり込むこと」と語っている。また「ボールが止まって見える」「ボールの縫い目が見える（カーブ、ストレートか分かる）」とも表現された眼力は、打撃の達人ならではのものだ。

（5）知的反骨精神の広岡達朗監督

ヤクルト　1976年（昭和51）～1979年（昭和54）
西武　1982年（昭和57）～1985年（昭和60）

川上監督の管理野球をさらに強めたのが広岡達朗監督だ。走攻守のバランスのとれた選手の育成と、チームプレーの徹底が勝つための野球には必要と考え、厳しい練習を課した。それとともに選手の健康管理にも科学的な視点を取り入れたようとした。それは当然のことのように選手の私生活にまで及び、西武ではそれまでの禁煙、禁麻雀に加え、選手の食生活の改善にも手をつけようとした。「肉は食べるな。体に良くない」「玄米を食べろ」と、肉の摂取量の制限とともに、玄米食、自然食品摂取を選手に求めるだけでなく、選手の夫人にも講演会を通して呼び掛けている。実はこの広岡監督の食生活改善への熱意は、思わぬ副次効果を生む。日本ハム大沢啓二監督が「草の葉っぱを食べているヤギさんチームに負けるわけにはいかない」と独特の語り口で挑発。親会社は肉が売り物だけにマスコミに大受けし、パ・リーグへの関心を引き寄せる。一方、肉や牛乳を扱う西武の系列スーパーからもクレームが寄せられる。しかし、そのクレームを無視する広岡監督に対し、西武ナインは底知れぬ威厳を感じるのだ。もっとも広岡監督は痛風でゲームを欠場したというから自分は肉を食べていたのかもしれない。

これだけは曲げないという強い意志の持ち主であり、融通性がなく、冗談も言わない。そのために〝冷徹な指導者〟のイメージが付いて回った。川上さんとの確執から、巨人を追われるように去ったため、知的反骨精神がそうさせたのだろう。１９７８年（昭和53）にはヤクルトで、球団初のリーグ優勝、日本一に輝いている。また、西武では2年連続の日本一を達成、第１期西武黄金時代を築いている。

（6）熱血指導の西本幸雄監督

大毎　　１９６０年（昭和35）
阪急　　１９６３年（昭和38）～１９７３年（昭和48）
近鉄　　１９７４年（昭和49）～１９８１年（昭和56）

チーム強化のために、これと見込んだ選手には敢えて鉄拳制裁を加えたり、時には自らの首をかけ経営陣と渡り合う闘将の代表格は西本幸雄監督だろう。阪急で11年、近鉄では８年という長期政権であったことからも分かるように、時間をかけて選手を育て、チームを作り変えていった。弱小球団であった阪急は、監督就任5年目から、同じく近鉄では就任6年目からリーグ優勝を重ねる常勝軍団へと育っていく。自らがチームの土台を作り、優勝させた数少ない監督の一人だろう。

選手に信任投票をさせて、自分への服従を意識させたり、練習態度が悪ければたとえ主力であろうとも使わなかったりと極めて厳格な育成法は、時に選手の反発を買うこともある。しかし、プロの世界は結果がモノを言う。チーム力の高まりはいつしか監督への信頼へと変わっていく。1978年（昭和53）オフに辞任を表明すると、「俺たちを見捨てないでくれ！」と選手に引き止められて辞任を撤回する。また、1981年の近鉄対阪急最終戦では、両チームの選手から胴上げされるなど育てた選手からの信望は厚かった。

西本さんは20年間の監督時代を通し、大毎（現ロッテ）で1回、阪急で5回、そして近鉄では2回　計8回のリーグ優勝を果たしている。しかし、なぜか日本シリーズでは1度も勝てなかった。「江夏の21球」を目の当たりにしたことも併せ考えると、「悲運の名将」という言葉がことさら重く感じられる。余談になるが、この「江夏の21球」に関し、9回無死満塁で代打に送られた佐々木恭介が、昨年末「中日スポーツ」紙上で述懐している。「2球目の甘いストレートをなぜか見逃してしまったことがいまだに悔やまれる」と。そして、3球目、打球はワンバウンドして三塁手頭上を越えた。しかし、わずか20センチほどレフト線からそれファールに。この時佐々木は「打球が三塁手三村敏之のグラブに触れたのではないか」との疑念を持ったという。触れていればフェアとなりサヨナラゲームとなっていた。さらに「打球はベースの真上を通過していた。パ・リーグの塁審ならフェア判定だっただろう」とも付け加える。

西本監督のチームづくりに大きな影響を与えたのがダリル・スペンサーだ。大リーグで活躍するがやがて通用しないことを悟ったスペンサーは、日本球界へ自らを売り込みに来る。最初に接触したのが中日だったが、結局阪急へ入団する。１９６４年（昭和39）のことだ。西本監督は「自分を目立たせるプレーばかりにこだわる外国人選手の中で、スペンサーは勝つ野球ができる選手だと直感した」という。『スペンサーメモ』には、ワインドアップで相手投手の癖を見抜こうとした観察記録がぎっしりと詰まっている。また、自分が本塁打を狙えるカウントであっても、勝負の流れに沿った打撃を心掛けていたことも窺《うかが》わせる記録も残る。このスペンサーの野球に対する姿勢が、当時の阪急ナインにカルチャーショックを与え、戦うチームへと変貌させる。スペンサーが身をもって示した闘志と緻密さが西本監督の求めるものでもあった。

(7) 執念の上田利治監督

阪急　1974年(昭和49)~1978年(昭和53)
　　　1981年(昭和56)~1988年(昭和63)
オリックス　1989年(平成元)~1990年(平成2)
日本ハム　1995年(平成7)~1999年(平成11)

守りの野球が多くみられる中で、三原監督と同じように攻撃野球を目指したのが上田利治監督だった。選手としての実績はほとんどないが、卓越した野球理論で1974年(昭和49)、37歳の若さで阪急監督に抜擢される。そして、翌年から日本シリーズ3連覇を含むリーグ4連覇を果たす。福本豊などを中心に盗塁を多用した戦法が功を奏したのだ。選手と同じように働いたり、決して選手の欠点を指摘したりしないなど温厚な監督だったが、1978年のヤクルトとの日本シリーズでは、ヤクルト大杉勝男の大飛球を本塁打と判定されたことに猛抗議。シリーズ史上最長の1時間19分も試合を中断させる執念の人らしさを見せている。後日、私はその試合で三塁を守っていた島谷金二から話を聞いた。「打球は三塁線の10メートル以上も外側を飛んでいった。本塁打のゼスチャーを見て、『嘘だろう』と思った」と。

2度目の阪急監督時代1984年には、三冠王ブーマーなど打撃陣の活躍で5度目のリーグ優勝をする。そして、オリックスでは「ブルーサンダー打線」、日本ハムでは「ビッグバン打線」と呼ばれる攻撃主体のチームを作りあげる。一度打線に火がつくと手がつけられない程《ほど》の強さを見せる半面、スランプに陥ると信じられないような負け方をする試合も目立った。監督20年間で5回のリーグ優勝、3回の日本一を残している。

（8）次代が決める名監督は仰木彬監督？

近鉄　　　　１９８８年（昭和63）〜１９９２年（平成４）
オリックス　１９９４年（平成６）〜２００１年（平成13）
　　　　　　２００５年（平成17）

仰木彬さんは１９５４年（昭和29）三原脩監督率いる西鉄へ入団、西鉄黄金時代を支えた二塁手だ。その当時から三原野球を学び、現役引退後は近鉄に移った三原監督のもとでコーチを務め、１９８８年監督に就任する。選手の個性を認める三原野球が、仰木野球の根底であることは確かだ。

新人の野茂英雄が「私の投げ方（トルネード投法）を直さないでほしい」と申し出ればそのまま受け入れる。また、オリックス時代には、イチローの「私の足を振る打法を続けさせてください」との申し出を、「いいじゃないか。納得いくまで続けろ」と認める。ただ、誰にでも同じように対応したのではない。仰木監督の選手の才能を見抜く力が前提にあったことは言うまでもない。

就任2年目の1995年、阪神淡路大震災に襲われた年。戦力的には十分ではなかったが、仰木監督は果敢にリーグ初制覇に挑む。「情を捨て、勝ちに徹する」姿勢は徹底していた。打順の決定には相手投手との対戦成績を重視し〝日替わり打線〟を組むし、4番打者であっても代打を送る。投手も、点を取られる前に交代を告げる。その一方で鈴木平から平井正史に繋《つな》ぐパターンを頑《かたく》なに守り通す。優勝経験のない選手が多いだけに何度か失速するが、ベテラン佐藤義則のノーヒットノーラン達成を機にチームに勢いが戻る。『がんばろうKOBE』のワッペンを付けたオリックスの活躍に神戸市民は熱い声援を送りながら、自らも復興への力を込めていったという。優勝を決めて戻った球場には4万を超えるファンが集まり、選手と一体となり大きな感動を共にした。常々、「勝つことだけが目的ではなく、いかに感動を与えるかが究極の目的」と言っていた仰木監督だが、その根底には、この時の経験が大きく横たわっているに違いない。巧みな人心掌握術でチームをまとめ上げ、プロ野球が持つ力をファンと共有するという〝21世紀の新しい野球像、監督像〟を示したと言えよう。

14年間の監督時代に、リーグ優勝3回、日本一1回を経験しているが、1989年巨人との日本シリーズで3連勝後、まさかの4連敗を喫したり、1996年のオールスターで監督を務めた時、セ・リーグの松井秀喜にイチローを投手として使おうとしたりするなど話題を集めた監督だ。

仰木監督は練習では走ることを重視していたが、自分も選手と一緒に走っていた。「走る時の選手の顔つき、走り方でコンディションの良し悪しを判断した」と言う。また「選手の顔色、話の受け答えでやる気の有無が分かる」とも言っている。予想外の選手がスタメンに名を連ねたり、ローテーションとは異なる投手が登板する。そして、それらが結果を出す。「仰木マジック」の実態は、人心掌握術と共に選手観察にあったと思われる。

（9）「将棋型」を完成させた森祇晶監督

西武　1986年（昭和61）～1994年（平成6）
横浜　2001年（平成13）～2002年（平成14）

川上監督に優れたインサイドワークを認められたV9の立役者の一人。広岡さんにも重用され、ヤクルト、西武と広岡監督を補佐するコーチ役を務めた。川上、広岡野球の流れを汲《く》むことは言うまでもない。広岡さんの後を受け「当たり前のことを当たり前にやる野球」を掲げ、西武監督に就任する。第1期西武黄金時代を築いた選手たちをそのまま引き継いだだけに、勝って当たり前という厳しい十字架を背負わされていた。

捕手時代からメモを取り続けた性格そのままに、データを重視する野球を展開する。それは情報の収集と管理にも力を入れることになる。スコアラーや偵察隊が、他チームの投手や打者の弱点やクセを調べあげ、分析するのだ。当然のように相手のサイン解読も重要となる。それらをもとに、守りを固め、走塁やバントなどを積み重ねる緻密な采配がとられる。そのために選手には将棋の駒のようにそれぞれの役割を果たすチームプレーが求められるのだ。将棋型とも呼ばれる戦法は、9年間で8度のリーグ優勝、6度の日本一を達成し、第2期西武黄金時代を築く。しかし、観客動員数は伸び悩み、リーグ優勝を逃したオフには、オーナーから「監督をおやりになりたければどうぞおやりなさい」と言われるなど球団首脳からはさほどの評価を受けなかった。

厳しい野球を求める一方で、森監督にはいつも「選手が主役、監督は脇役」という思いがあったことは確かだ。チャンピオンフラッグを持っての球場一周時には、必ず主力選手を先頭に出し、自分はいつも後方にいた。

(10) 管理野球の完成者野村克也監督

南海　1970年（昭和45）～1977年（昭和52）

ヤクルト　１９９０年（平成２）～１９９８年（平成９）
阪神　１９９９年（平成11）～２００１年（平成13）
楽天　２００６年（平成18）～２００９年（平成21）

チームは違うが、森野球をさらに進化させたのが野村克也監督だ。

１９８０年代後半、ヤクルトは明るく家族主義的なチームカラーで人気もあったが勝負への甘さがありＢクラスに甘んじていた。この時、チーム改革を任された野村監督は、データ重視の〝ＩＤ野球〟を掲げ登場する。情報収集を徹底し、さまざまな場面、可能性を想定し、その対応をきめ細かく設定する。もちろん捕手としての長い実践に基づく理論がその背景にあったことは言うまでもない。野村監督は９年間でリーグ制覇４回、うち３回は日本一に輝いている。この実績が選手の生活面からグラウンドでの戦法に至るまで、広い意味での管理野球は、野村監督により完成されたことを物語っている。

ヤクルト時代、自らが英才教育を施した古田敦也捕手との師弟関係は様々なところで取り上げられているが、古田が野村野球の忠実な継承者であったわけではない。古田にも彼なりの目指す野球像があって当然だ。

野村監督といえば、そのボヤキが有名だが、捕手出身であることに起因すると私は思う。

捕手は自分が主導権を取ることが少ないため、安全第一の守りの野球になりがちだ。それだけに言い訳が許されると考え愚痴が多くなるのだ。森監督も愚痴が多かった。反対に投手は、自分が投げてこそ試合が動くと思う大きなプライドを持っている。したがって打たれたらそれは自分の責任とし、言い訳をすることはない。

〝野村再生工場〟の具体例を一つ紹介する。

楽天に入団した山崎武司に野村監督が話し掛ける。

「お前も年だ。どの道1年か2年だ。好きなようにやれ」

この一言で山崎が見事に復活し、２００７年（平成19）には本塁打王、打点王のタイトルまで取ってしまう。優しく気がよすぎるために委縮しがちな山崎の性格を野村監督は見抜いていたのだ。コンピューター野球の異名をとる野村監督ではあったが、選手の心をつかむことが非常にうまかった。もっとも、こういう精神論だけでなく「バッティングには備えが大切」と、これまで以上に球種やコースを読むように求めたことは言うまでもない。

野村さんは、１９７０年南海で選手兼任監督に就任する。それより3年前、ドン・ブレイザーが南海へ入団する。カージナルスで活躍した名二塁手だ。真剣にかつ丁寧にプレーする姿勢は他球団の選手にまで影響を与えた。打者ごとに打球の傾向をつかみ、スイングと同時に動き出す、さらに他の野手との連携もそれまでの日本選手以上に大切にした。彼の「シンキングベースボール」の一つの例がある。「バントのサインが出た時どうするか」と問われ「一塁手、三塁手の守備能力、また、その時のシフトにより様々なケースが考えられる」と答えている。このブレイザーが野村監督就任と同時に、ヘッドコーチになる。後に野村さんは「野球は頭でやるものだということをブレイザーに教えられた」と語っていることからも、ブレイザーの日本球界に及ぼした影響の大きさが分かる。ブレイザーは後に、阪神、南海でも監督を務めている。

(11) 現代野球導入に貢献した近藤貞雄監督

中日　１９８１年（昭和56）～１９８３年（昭和58）
大洋　１９８５年（昭和60）～１９８６年（昭和61）
日本ハム　１９８９年（平成元）～１９９１年（平成３）

近藤さんは13年間中日で投手コーチを務める中で「投手分業制」を提唱し、現在の野球への一つの流れを作った。分業制の発想は、１９６１年（昭和36）中日に入団し、２年間で65勝を挙げた権藤博投手の起用法への反省からだ。権藤、権藤、雨、権藤と酷使された権藤さんは実働４年で投手生命を終えてしまう。確かにこの頃は、エース級の投手は完投することが当然と考えられていた。杉下茂さん、別所毅彦さん、金田正一さん、稲尾和久さん、村山実さん等々よほどのことがない限り途中降板はなかった。それどころか連投さえいとわなかったのだ。しかし、マシンの性能向上に支えられた打撃技術の向上は打者優位の状況を作り出していく。そんな中で近藤さんが、投手の役割分担に目を向けたのはあるいは時代の要請であったのかもしれない。ただ一方では、投げ込みを重視する考え方もあり、「キャンプでは1日200球は投げ込むべき」と巨人中尾碩志コーチは主張する。これに対し、近藤さんは「投球制限」を主張し譲らない。そんな中、鳴り物入りで入団しながらなかなか目の出なかった板東英二さんをリリーフエースとして起用したことが成功し、近藤さんの主張も球界に定着する。

初めて監督に就任した年、2年目の牛島和彦を抑え投手に抜擢、牛島はその年優勝の大きな力となる。監督としての近藤さんは、大洋でかつて鶴岡監督がとった俊足打者3人を1〜3番に据える機動力野球を展開したり、先発メンバーが終了時には全員入れ替わっているアメフト型野球を試みたりと本人も野球を十分楽しんでいたようにも見える。監督在任8年、リーグ制覇1回で日本ハムを最後に引退する。

（12）「自分のカンを信じなさい」長嶋茂雄監督

巨人　１９７５年（昭和50）～１９８０年（昭和55）
１９９３年（平成５）～２００１年（平成13）

野村野球の対極にあるのが長嶋野球だろう。長嶋茂雄監督は言う。「他人が見て作ったデータなんかアテにならない。自分のカンを信じなさい。データを詰め込むから逆にカンが鈍ってしまう。データなんて過去のもの。今、自分が対戦している相手から感じるものが生のデータなんだ」と。

選手起用でもこれまでの監督では考えられなかったような使い方をする。３対２と１点ビハインドの９回表、２死から俊足のルーキー松本匡史を代走に送り、すぐさま盗塁を成功させている。失敗すればゲームセットの場面だったが、次打者の安打で同点に持ち込んでいるから作戦が的中したことになる。また、先発投手が好投しながらもピンチを迎えると、一旦外野に回し、リリーフを送った後、再び投手に戻したり、代走に投手を送ったりするなど周りをびっくりさせるような手を打っていく。このあたりが長嶋監督のことを、野村監督の「コンピューター野球」に対比し「カンピューター野球」と呼ぶゆえんだろう。私も、オールスターの時、突然「代走に行け」と言われびっくりしたことがある。私より足の速い選手がいっぱいいたのに…。

しかし、観衆だけでなく相手ベンチが仰天するような〝奇策〟を用いたのは長嶋監督だけではない。私は、長嶋野球は「三原マジック」の三原脩監督、「仰木マジック」の仰木彬監督と同じ流れではないかと考えている。ただ2人の監督がかなり理性的に〝奇策〟を用いたのに対し、長嶋監督は感性的に手を打っていったところが大きく違うのだと思う。そして何よりも3人に共通しているのは「自由な発想」の持ち主であるということだろう。

長嶋さんは監督15年間で3度のリーグ優勝と2度の日本一に輝き、巨人の「終身監督を務める栄光の人」である一方、中日を放出された西本聖が巨人に戻った時、自分の背番号90番を譲るなど人情家でもある。

コンピューター対カンピューター

指揮を執ったチームの戦力の違い等を度外視し、あえて2人の残した記録だけを抽出すると次のようになる。

監督としての通算成績

野村監督　1585勝　勝率4割9分5厘

長嶋監督　1034勝　勝率5割3分8厘

直接対決の通算成績

長嶋監督131勝　―　野村監督109勝
巨人　81勝　―　ヤクルト　77勝
巨人　50勝　―　阪神　32勝

⒀　監督としては苦労した王貞治監督

巨人　1984年（昭和59）～1988年（昭和63）
ダイエー　ソフトバンク　1995年（平成7）～2008年（平成20）

王さんは巨人監督4年目でやっとリーグ優勝するものの日本シリーズでは西武に、2勝4敗であえなく敗退。若手との意思疎通もうまくいかなかったこともあり、監督としての手腕は評価されず事実上の解任。この時点で〝背番号1〟は姿を消すこととなる。その後、福岡ダイエーホークスに移るが、チームは低迷する。ファンからも猛烈な非難が浴びせられ、1996年（平成8）には球場から出てきたホークスナインの乗ったバスをめがけ、次々と生卵がぶつけられる事件へと発展する。スター街道を歩んできた王監督にとっては耐え難い屈辱であったに違いない。しかし「勝てばファンも必ず受け入れてくれる。勝つしかない」と自らに言い聞かせながら耐え忍ぶ。王監督がなかなか実績を上げられなかった理由が二つある。一つは、コーチ陣の進言をなかなか受け入れられなかったことにある。〝世界の王〟から見ればコーチ陣全てが「実績の劣る者」に見え、コーチ陣もまた「世界の王には釈迦に説法」と両者に軋轢《あつれき》が生じてしまうのだ。二つには、投手交代が苦手で、終盤になりリリーフ陣が打ちこまれる「閉店間際の大バーゲン」のような試合が多かったことである。しかし、1999年、尾花高夫投手コーチと、根本陸夫球団社長の就任を機に、王監督と選手、コーチとの溝が埋まっていく。王監督が「選手は想像以上に監督の顔色をうかがっている。失敗を恐れずのびのびプレーさせることが大切」と気付いたというこの時から、ホークスが台頭していく。この年、球団創設11年目にして初のリーグ優勝、日本一にも輝く。翌年もリーグ優勝、2003年には再び日本一と、苦難の末に監督としても花を咲かせていく。

宮崎のキャンプ地で王さんに取材

(14) 究極の合理主義者権藤博監督

横浜
1998年（平成10）～2000年（平成12）

詰め将棋のような筋道を踏む野村野球の対極にあるのが「教え過ぎない、言い過ぎない」ことをモットーとし、それを徹底した権藤博監督だ。横浜監督に就任すると第一声で「あなたたちはプロですからプロとしてやってください。練習は任せます」と語りかけ、続けて「私の事を監督と呼ばないでください」と注文を付ける。選手との間の垣根を嫌ったのだ。

権藤監督は「教え過ぎは百害あって一利無し」という。日本のプロ野球界のようにコーチが手取り足取りで教えていると、選手は自分の頭で考えることをやめてしまう。おまけに嫌みまで言われると、選手はやる気を失い、自分の良さまでなくしてしまう。やってはいけないことばかりだ。こう考える権藤監督は「決して欠点を指摘するな」「コーチは鏡になれ」と要求する。選手の姿、フォームをありのまま伝えるのがコーチの仕事であり、後は選手が考えることと説く。その考え通りキャンプも午後2時半には練習を終了し、後は夕食まで個人任せ、もちろん夜間練習も強制しない。そして「うちの選手は自分からよく練習する。こっちがむしろセーブ役です。けががないようにね」と選手への厚い信頼をにじませるのだ。

酷使され短命に終わった自らの経験をもとに、投手起用についても近藤監督の考えをさらに深化させる。投手の肩は道具ではない、消耗品だとの考えの下、1年間のトータルとして起用を考え、その上で、先発は100球、中継ぎは30球、抑えも30球と、役割分担を明示する。投手に対しても「投げ込んだからといってうまくなるものではない、だからあまり投げるな」と指導する。もちろんこれは投げ込みを否定するものではない。やらされる投げ込みは意味がないと言っているのだ。

権藤監督の盟友東尾修は、日本一死球の多かった投手だが「打たれそうになったらぶつけろ！」が口癖だった。「打たれるんじゃないだろうか…」とビクつきながら投げていると腕が縮まり、結果として打たれてしまう。「ぶつけてもいいや。逃げない打者も悪い」。このくらいの気迫で勝負に出なければプロとして数字は残せない、ということだろう。ところが権藤監督は「ビビるな。困った時は真ん中へ緩いボールを投げろ」と、東尾とは逆のことを言う。「打たせてやろうと思ったら、そうは打たれないものだ」とも。一流であった者の言うことは面白い。正反対のようで実は同じことを言っている。向かって勝つか、引いて勝つか、方法論はその人の性格にもよろうが「逃げない」ことでは共通している。勝負の世界は食うか食われるかであり、逃げたら負けなのだ。そして、もう一つ、この権藤監督の言葉は、1982年、運命の一球からよみがえった鈴木孝政の言ったことと全く同じなのだ。このことについては後述する。

話を監督論に戻そう。権藤監督は、投手起用だけでなく攻撃面でも「バントなんてナンセンス。アウトを1つ献上するようなもの」と言い放つ。日本プロ野球史上権藤監督を超える合理主義者は今後も現れないのではないかと私は思う。ちなみに私は、権藤さんが酷使された果ての燃え尽きる最後の球を受けている。それだけに佐々木主浩を抑えとした中継ぎローテーションを確立し、日本一に輝いた時の権藤監督の雄姿を人一倍うれしく思ったものだ。

以上、14人の監督について述べてきたが、共通して言えることが二つある。

一つは既成のものに捉われないやり方で、選手たちに「監督はおれらより一枚上だ」と思わせていることだ。選手を引っ張っていく上での重要な心理作戦といえる。そして、二つにはこれらの監督は、素晴らしい戦績は実際には選手の力を自由に解放した結果得られたものであるということを十分承知していることだ。往々にして監督自身の手柄のように吹聴されるが、必ずしも本意ではないだろう。

2　監督を考える

（1）三原マジックの本質を読む

1960年（昭和35）、三原監督は、それまで6年連続最下位であった大洋を一躍日本一に導く。その手法を振り返ることが〝監督の在り方〟を暗示しているようにも思われる。

○選手の個性を生かしきること

三原監督は一人ひとりの選手が持っているいいものを引き出し、それらをどう結集するかを重視する。そのため選手には基本動作の完全な習得とともに個人に応じた課題を与える。エース秋山登さんは過去4年間20勝前後の成績をあげていたのにもかかわらず負け数の方が上回っていた。三原監督はそんな秋山さんに「防御率を大切にすること」を課題とする。

三原さんが西鉄監督時代のことだ。豊田泰光さんは気の強い好打者だが、「山川さん」とあだ名されたように、「山」と言えば必ず反対の「川」という性格だった。ある日の試合で誰が考えても送りバントの場面で豊田さんが打席に入った。するとコーチボックスにいた三原監督は、皆に聞こえるように「打っていけ！」と指示する。ベンチにいるもの全員が怪訝《けげん》な顔をする。ところが次の瞬間豊田さんは見事にバントを決めていた。

○既成概念にとらわれないこと

「一流にこだわることはない。一流でもチームにどう貢献するか」を大切にした。ルーキー近藤昭仁さんは小柄で、当初それほど期待はされていなかった。しかし、三原監督は「負け癖というアカが付いていない」と要所で積極的に使い、近藤さんも期待に応えていく。一方秋山登さん、鈴木隆さんといった主戦級投手も先発ではなく途中登板でも使うなど投球回数にも配慮する。

○闘争心を鼓舞すること

「一番強いチームを叩く！」。これが選手を鼓舞する旗印だった。背景には水原監督との確執があったことは確かだが、選手たちは口々に「巨人戦になると総力戦どころか喧嘩《けんか》腰だった」と述懐する。そんな監督の強い思いが選手たちの闘争心に火を付けた。余談であるが、三原さんと水原さんの対立について、川上哲治さんは「私は三原さん寄りでした」と語っているのが興味深い。

○相手の戦力を正しく把握すること

相手の戦力分析も万全だった。シリーズを制覇した三原監督は、対戦相手の大毎（現ロッテ）の様子を知ろうと捕手の土井淳さんらを、古巣西鉄のエース稲尾和久さんと会わせる。スカウトのいない時代だけに情報収集が目的であったことは言うまでもない。そして、大毎圧倒的に有利の戦前の予想を覆し、すべて1点差の4連勝で大洋が日本一に輝く。大毎の4番山内一弘さんを完全に抑え切ったのが勝因だ。

○相手の戦意を萎えさせること

相手チームに「あいつが出てきたらダメだ」と思わせることも大切だ。内野手の麻生実男さんは守備が負担だったのか打率は2割台前半で低迷していた。三原監督はシーズン途中に近鉄から鈴木武さんをトレードで獲得し、麻生さんを代打に回す。これがまんまと的中し「代打麻生」と告げられるだけで勝負が決まったかのような雰囲気になったという。

○互いの信頼感を大切にすること

三原監督は選手に命令することはしなかった。スクイズのサインは出しても、いつ行うかは打者に任せる。打者の判断で走者と連携し行うのだ。命令され失敗すれば選手は言い訳を考える。しかし、判断を任されれば責任を感じる。そこから監督と選手、選手と選手との信頼感を培う効果も生まれる。

またこんな気配りも見せる。島田源太郎さんが阪神相手に完全試合を達成した。村山実さんと投げ合っての大記録だ。ところが試合終了後三原監督からのほめ言葉は一言もない。しかし、その夜、島田さんの自宅に中部オーナーからねぎらいの電話が入ったという。もちろん三原監督がオーナーに依頼しての電話だ。島田さんの嬉《うれ》しさもオーナーの三原監督への信頼感も倍増したに違いない。

これらを振り返ると「三原マジック」の真相がわかる。一言でいえば既成概念にとらわれない「人心掌握術」そのものだ。勝負に勝つために選手にどう話しかけ、どう使うか、相手チームの心理をどう読むかだろう。そう考える時、監督の地位の重要さを改めて示したのは三原監督ではないかと私は思う。

（2）監督の指示

監督の指示は的確、明瞭、しかも選手をやる気にさせるものでなくてはならない。

試合開始前「勝つのもお前ら、負けるのもお前ら。やるかやられるかだけ。ここまでは監督の仕事、これからはお前ら選手の仕事だ。采配《さいはい》なんて大したことはない。自分の思い通りにやりなさい」。この一言で選手は「グラウンドの主役は自分」であることを意識する。

監督がマウンドへ行くのは、投手に動揺が感じられる時、作戦の確認とその指示の時だ。ここでも具体的な指示が欲しい。「1点やってもいいぞ」は分かりやすいが、「ホームランだけは気をつけろ」では投手はかえって混乱する。要は投手が、わり切って再度闘争心を起こせばいいのだ。

投手出身の権藤監督の指示である。

「絶対逃げるな、逃げたら相手が追ってくる。怖がっている場合ではないだろう。打者の好きな所へ投げろ。好きな所の横には欠点も多い」

打者はまさか自分の好きな所へ投げてくるとは思わない。また気分的な力みが抜ければボールには力がこもってくる。ピンチは脱出できるのだ。そして付け加える。

「やられたらやり返せ。打たれたらもう1球同じボールを投げて抑えろ」と。

投手交代に当たっては、まず交代の時期を的確に把握しなくてはならない。ポイントは、勝ちを意識しすぎると投球のテンポが速くなる。そんな時は要注意だ。また、逃げの姿勢をみせる時も同じだ。と同時に、捕手の動作にも注目する。水原監督は私からの秘密のサイン（後述）を待っていた。そして、交代を告げる時は「交代」とだけ言えばいい。ベンチに帰った選手がうなだれていたら、「次は何日に投げさせる」と一言。要は、悔しさを次のマウンドで生かせということだ。

（3）コーチと監督

テッド・ウィリアムズは「有能なコーチほど教えたがらない。ただ時間と場所を与えるだけである」と言い切る。実は、黙って見ているほど苦痛なことはない。アドバイスしたり怒鳴ったりしている方がよほど楽だ。しかし、悪い時に「ああでもない、こうでもない」というのは経験的に言って、選手を余計に委縮させるだけであり全く無意味だ。「あのプレーを考えてみたら…」「そうですね。考えてみます」と素直に言わせる言葉がほしい。試合後のミーティングでもゲームの反省は大事だが、悪いことばかり言うのはよくない。教えるのと小言を言うのは違う。明日への懸け橋にすべき機会を、サイドブレーキをかけて家路につかせてはだめだ。

権藤さんはコーチ時代から「投げ込みをしてはいけないというのではない。投げ込みたければやればいい。やらされる投げ込みがだめ」と言う。だからコーチはそばにいなくてもいいのだ。

コーチは相手と戦う一方で自分のチームの監督とも戦わなければならない。1989年(平成元)、近鉄権藤博コーチは仰木彬監督が次々に投手をつぎこむことに反対し、2年で自ら身を引いてしまう。このことを仰木監督はどう見たのだろうか。スポーツライターの永谷脩氏は、その著『仰木監督の人を活かす「技と心」』(二見書房)の中で、次のように解説する。

――選手を手駒として動かす監督の立場と、選手を預かるコーチの立場には、物資として扱うか、人として扱うかぐらいの差が出てくるものだ。ともかく75勝~80勝を挙げたいという監督と、130試合を投手の将来を考えながら使いたいというコーチでは、おのずから考え方に差異があって当然であると思う。・・・

監督と対立しない投手コーチがいたならば、それは監督の顔色をうかがうだけの単なるイエスマンでしかない。監督が決定権のある現場の長とするならば、コーチは中間管理職にあたる。

コーチと対立しながら、チームを優勝に導く仰木監督のやり方は、ある意味で「投手人間は別人格」と認めながらも自分のやり方を貫いていったところである。――

監督とコーチとの対立は当然という前提は、監督としては「将たる者、孤独で非情」であることに徹しなくてはならないし、コーチ側も「本来監督が持つ権限」をどれだけ自分の側に認めさせるかという戦いを余儀なくされることにもなる。プロ野球の組織は、選手を含め一人ひとりがみんな個人経営者であるだけに、その中でのせめぎ合いは想像以上に厳しいのだ。

ところで、監督にとって今ほど厳しい時代はない。これまでプロ野球では勝利のために、忍耐、自己犠牲の精神（チームプレー）、激しい練習を求め続けてきた。もちろんそれらは必要だ。しかし、高校野球、サッカー、ラグビー等々、ガッツポーズをする選手が非常に目立つ。そこには、自分はプレーを楽しんでいるのだ、そして、自分がスタープレーヤーなのだという自己主張の姿すら感じられる。つまり、これからはチームワークばかりを求めている時代ではないのだ。選手にとってもチームワークだけでは報酬は上がらない。チームを借りて自分がスタープレーヤーになればいい、そしてチームもスタープレーヤーが多いほど人気を集める、そんな発想が求められている。仰木彬監督は、チームが新幹線で移動するとき、イチローだけは一人飛行機に乗せた。その方がイチローをより際立たせると考えたからだ。スタープレーヤーを育て、スタープレーヤーを使い他の選手を鼓舞し制御する、そんなしたたかさと同時に、敗戦の責任は一身に背負う度量を持った監督が求められている。

3　極意を究めた選手たち

ここでは、私が19年間の現役生活とその後28年間の解説者生活の中で出会った、最も印象深い〝極意を究めた選手たち〟について記し、そこから共通するものを探し出してみる。

（1）人が見えないものを見る野村克也さん

野村克也さんは、京都峰山高校を卒業しているが、野球部は全くの無名だった。野村さんは好捕手として一部では評価されたようだがプロからの誘いはない。幸い南海だけが入団テストを受けさせてくれた。鶴岡一人監督も、大した期待をかけるわけでもなく「壁（ブルペンキャッチャー）用にでも」と考えたらしい。１９５４年（昭和29）のことだった。給料は月７０００円、とても背広が買える額ではなく、半年間ユニホーム以外の時は学生服で過ごしたという。

当時の正捕手は松井淳さん、控えには小辻英雄さんがいて、野村さんの出る幕はない。そこで何とか目立ちたいとの一心でことさら打撃練習に取り組んだ。その成果が翌年ウエスタンリーグでの打率2位という結果となる。それが認められ、翌年のハワイキャンプに2軍からは野村さんだけが選ばれる。野村さんは後年「まさか、まさかの人生だった」と振り返るが、このキャンプで最初の〝まさか〟が起こる。松井さんが肩の不調を訴えだした。当然控えの小辻さんが起用されるはずだった。しかし、異国の地ではめをはずしたのか、監督の目に「小辻は遊んでばかりいる」と映ってしまった。小辻さんへの怒りの言葉が「野村！おまえがいけ！」。そのまま野村さんは1軍のホームベースを守ることとなる。１２９試合出場、打率2割5分2厘、７本塁打の記録を残し、翌年には１３２試合出場、打率３割２厘、そして30本塁打を放ち、本塁打王となってしまう。当時の本塁打王はほとんどが25本程度であったから、この野村さんの記録は大記録だ。

一躍南海のスターに躍り出たかに見えたが、入団4年目になると、突然ヒットが出なくなる。変化球、とりわけカーブが全く打てないのだ。打席に立つと、「カーブのお化けが来るぞ！」と野次られ、カーブノイローゼに陥ったと本人も述懐する。今のようにコーチ陣がしっかりしているわけではない。これぞと思う人に相談しても、誰もが「ボールを良く見て、スコンと打て！」、これしか言わない。自分で考え、自分で打てるように練習するしかなかった。

思い悩むある日、大リーガー　テッド・ウィリアムズの理論書に出合う。その中の「投手が投げる前に球種は分かる」との一文に野村さんの目は釘付けになった。捕手とサインを交換し、投球体勢に入った時には投手は投げる球種を決めている。投げる時の投手の動きを細かく観察すれば、球種によりそれなりの癖があるはずだ。その小さな癖、違いをつかめば球種が分るとその理論は解説する。それ以降、野村さんの徹底した投手観察が始まる。例えば、阪急のエース山田久志は、投げる動作へ移る直前の合わせた両手の上下のさせ方にわずかの違いがある。その違いから球種を読んだというのだ。こうして打率は上向き始める。しかし、やはり大投手ほどその癖がつかみにくい。鶴岡監督からは「二流は打てるが、一流は打てんのう」と嫌みとも激励ともとれる言葉を投げ掛けられたそうだ。

再び野村さんの投手観察が始まる。ビデオの普及する前の時代、16ミリ映写機を使っての研究だった。こうして、パ・リーグのエース稲尾和久さんをもとらえる。振りかぶった瞬間ボールの白い部分がほんの少しだが見える時は、100％インコースへ来る。それ以外はアウトコースだ。球種は分らなかったが、それだけでも収穫だった。打たれ始めると今度は稲尾さんが考え始める。一流同士の対決は奥深く面白い。「ノムさん、俺の振りかぶった時に、内か外か読んでるな」、そう気付いた稲尾さんは、わざとボールの白い部分を見せてアウトコースへ投げてきたのだ。

野村さんは投手の癖を見抜くだけではなかった。投手がカウントにより、どのコースへどんな球を投げてくるのか徹底的に調べ尽くした。もちろん〝データ〟と言う言葉はまだ使われていない。傾向と呼んだ。これが後のデータ野球の始まりだ。投手の癖を見抜く努力は、マスクをかぶった時の打者の癖を見抜く目をも深める。その典型が〝ささやき〟に現れる。張本勲さんがテレビで話していたのを聞いたことがある。「『ちょっと遅れてるな。バットが下がっているな…』。『ノムさん黙ってて下さいよ』。『でもひざが固いな…』。そう言われるといつの間にか自分が惑わされてしまっていた」と。

入団12年目の1965年、打率3割2分、42本塁打、110打点でついに三冠王となる。その5年後、選手兼任で監督に就任する。監督として最初に手掛けたのが投手陣の整備だった。東映（現日本ハム）で敗戦処理に登板した江本孟紀を見て、エース候補を直感した野村さんはその獲得に動く。入団した江本に野村さんは言う。「俺の言うとおりに投げれば15〜16勝はできる。そうすればエースだ。だから最初からエースナンバーをおまえにやる」。野村さんの期待通り江本は中心投手へと成長していく。当時は、阪急の黄金時代だったが、その牽引車は盗塁王福本豊だった。福本の足をどう抑えるかが全てだったといってもいい。野村さんは江本らに、福本対策として、足を小さく上げ、今でいうクイックを教え込む。さすがの福本も「動けなかった」と言うから、野村さんの作戦はかなり斬新なものだった。1973年、野村監督は常勝阪急をプレーオフで破り、パ・リーグを制覇する。しかし4年後、まさかの監督解任となる。諸説があるがその理由は定かではない。

その後、ロッテ、西武で1年ずつ選手として働くが、選手としての全盛期の面影はすでに消えていた。そんな野村さんが誇らしげに話すことがある。「西武が契約してくれたのは43

歳の時。こんな年で契約してもらえたことが私の自慢です」と。打者としての存在は薄かったが〝捕手野村〟は健在だった。その年入団した松沼博久は、16勝10敗で新人王に輝くが16勝のうち9勝は野村さんとのバッテリーによるものだった。松沼は振り返り「投球とはこういうものかと改めて教えられました。フルカウントの時、野村さんは高めのボールを要求するんです。えっ、と思いましたよ。だって外れればフォアボールでしょう。でも野村さんはいいから投げろと、中腰で構えるんです。半信半疑で投げたら見事に三振でした」と話す。

野村さんの現役時代の通算成績は、3017試合出場、2901安打、657本塁打、1988打点、打率2割7分7厘だったが「弱音は一切吐かず、素振りを黙々と繰り返し、バットを手入れする。何事もコツコツと続けることがまさか、まさかの人生を生んだ」と振り返る。稲尾さんの手から漏れるボールのわずかな白い部分を、山田の両手の動かし方のわずか数ミリの違いを見逃さない、常人を超えた見方ができる選手、それが野村さんだった。

(2) 見えない線を見る江夏豊

日本一の投手は誰かと聞かれたら、私は、即座に江夏豊の名前をあげる。1979年（昭和54）、近鉄との日本シリーズ第7戦9回裏の江夏の投球はあまりにも有名だ。究極の修羅場、土壇場でのクライマックスと表現されたこの場面、江夏のプロ魂のすべてが凝縮されていた。

リリーフ登板した江夏は、8回を簡単に3者凡退させる。そして、4対3、広島リードで迎えた9回裏。先頭の羽田耕一が中前安打。代走藤瀬史朗が、盗塁、悪送球で3塁へ。四球のアーノルドの代走吹石徳一が二盗を決め、無死二、三塁。続く平野泰光は故意四球で無死満塁。日本一を目前にしながらの最大のピンチ、これ以上はない劇的な場面に球場全体が騒然とし始める。

その後のピッチングは圧巻だった。佐々木恭介を三振に打ち取ると、騒然としていた球場に異様な雰囲気さえ漂い始める。そして石渡茂、1ストライクの後の2球目、江夏が投球動作に入ると、三塁走者藤瀬がスタートを切る。スクイズが仕掛けられたのだ。捕手水沼四郎が立ち上がり、江夏は外しに掛かる。カーブの握りのまま外角高めに投げ、藤瀬を挟殺し2死。では、なぜスクイズを見破ることができたのだろうか。水沼の話によると、ファーストランナーがスタートを切るのを見た江夏は、足をゆっくりあげることにより水沼とスクイズであることを確認したのだという。

すべては異常な雰囲気の中での一瞬の出来事だ。多くの修羅場をくぐりながら培われてきた冷静さが無意識のうちに身体を反応させていたともいえよう。どよめきの中、江夏は石渡を三振に打ち取り、広島の日本一が決定する。

そして、この9回裏の投球は「江夏の21球」として語り継がれることとなる。当時を振り返り、江夏は述懐する。「身体は燃えていた。しかし、頭は妙に冷めていた。藤瀬の動きも良く見えていた」と。左投手で三塁走者は見えないはずなのだが…。
絶妙なコントロールに裏打ちされた素晴らしい投球術、そして冷静さ、まさに日本一の投手と言っていいだろう。

１９６７年（昭和42）、大阪学院高から江夏が阪神に入団する。その後7年間で１３５勝87敗１９４３奪三振を記録する。１９６８年の年間４０１奪三振の記録はいまだに破られていない大記録だ。高校時代は砲丸投げの選手もしたことがあるという江夏は、投球も腕だけで押しだすように投げ、球種も直球だけでカーブは投げられなかったが、重い剛速球はそれだけでプロでも通用した。王さんは「球の力に加え、とにかく度胸がよかった」と言う。ところが入団当時の阪神は貧打に泣かされ、江夏はなかなか勝ち星が伸びない。そこで目標を勝ち星よりも三振をとることに置き換えたが、２２５三振を奪いながらも、与四球88、本塁打も1試合に1本は打たれる投球内容だった。

その江夏がコントロール抜群の投手として変身する役割を果たしたのが林義一投手コーチだ。林さんは、江夏は肘《ひじ》がうまく使えず腕力だけで投げるためフォームが安定しない事に気付き、肘を円のように使い、腕を鞭《むち》のように振ることを教える。併せて、直球と同じ投げ方で、手首だけをひねりカーブを投げる練習にも取り組む。私も何度か江夏のカーブを見てきたが金田さんや堀内とは投げ方が違っていたし変化もそれほど大きくはなかった。こうしてキャンプを終えた江夏は、安定したフォーム、カーブ、そしてアウトローへの絶妙なコントロールを身に付けていた。

江夏は先輩の村山実さんを尊敬していたが、その村山さんの言葉が江夏の気持ちをさらに高める。「私は長嶋との対決が生きがいであったし、ファンもそれを期待してくれた。江夏よ、お前は王との対決を自分の目標にしたらどうだ」。この一言に江夏は目を輝かせる。「奪三振日本新の記録は必ず王さんから取る」、2年目のシーズンを迎え江夏はこう公言する。

順調に三振を積み上げてきた江夏は、奪三振日本新記録をかけ、9月17日巨人戦を迎える。1打席目王さんを三振に打ち取り、3回には351個のセ・リーグ新記録を達成、そして4回、念願であった記録をかけ再び王さんを迎える。ここでも王さんを三振に打ち取り記録は353個となる。江夏は意気揚々とベンチへ戻るが、ここで辻恭彦捕手から思わぬことを知らされる。353個はプロ野球タイ記録だったのだ。江夏は辻捕手と共に悩み始める。王さんから三振を取り新記録をつくると公言した手前引くに引けない。次の王さんの打席まで他の打者からは三振を取ってはいけない状況になってしまったのだ。かといって四球を与えたり安打を打たれたりするわけにもいかない。何よりも頭を悩ませたのが最も三振しやすい投手への投球だった。三振を取らずに打たせてアウトにする投球も難しいが、正確なコントロールがそれを繋《つな》いでいく。そして、7回、やっと王さんまで打順を回す。王さんは「三振なんてことはさらさら考えていなかった。今度こそ打ってやる、そんな思いだけだった」と語っているが、結局1ボール2ストライクの後空振り三振を喫してしまう。江夏は振り返る。「王さんはフルスイングしてくれた。自分の球が勝ったのではなく神様が味方してくれただけだ」。王さんも語る。「高めのストレートだった。打ってても打てなくてもすがすがしい気分だった。何か一騎打ちのようだった」。ちなみに王さんから最も多くの三振を奪ったのが江夏で57個、最も江夏から本塁打を打ったのが王さんで20本。村山さん対長嶋さんに匹敵する好敵手だった。

そののち江夏は1971年のオールスター戦、全パの先発全員からの9連続奪三振という離れ業をやってのける。ところが1976年1月19日、江夏に突然のトレードが通告される。このトレードにはいろいろな情報が飛び交った。しかし、その根源には阪神球団の経営体質があったのだと思う。古くは藤村富美男さん、そして江夏、さらに田淵幸一と、次々とエースや4番打者を放出していく。ファンの立場を離れ見方を変えれば、エースや4番打者は、最も高く売れる商品に過ぎなかったのだ。ただ皮肉なのは、江夏との交換トレードで獲得した江本孟紀が、5年後「監督がアホなんで、野球なんかやってられんわ」と痛烈な監督批判を残し、ユニホームを脱いでしまったことだ。

当時、トレードといえば戦力外、あるいは、邪魔者の追放といった暗いイメージが込められていた。江夏も失意のうちに南海へ向かう。しかし、ここでの野村克也監督との出会いが、江夏自身の野球人生だけでなく、プロ野球そのものを変えてしまうことになる。国民的人気を集める王貞治さん、長嶋茂雄さんに比べ、生涯一捕手野村さんは人気では影が薄い。しかし、実績では2人に勝るとも劣らない。自嘲気味に言った「王、長嶋がひまわりならば、俺は野に咲く月見草」という言葉は言い得て妙でさえある。

野村監督は、プロ野球が大きな変革期を迎えることを予感し、独創的な対応策を構想していた。バッティングマシンの性能向上、人工芝の普及による打撃力アップへの対応もその一つだ。移籍してきた江夏に野村監督は「勝っている時だけ登板する逃げ専門のリリーフをつくりたい。こういう投手は今まで誰もいない。やってくれないか」と語りかける。江夏はあっけにとられる。これまでは、先発、完投、そして完封。それだけを目標にしてきた江夏にとっては考えたこともない話だ。しかし、江夏はこの話をあっさりと引き受ける。野村監督がこれまでの常識を覆す変革者なら、江夏もまた同じ血をひいていたのかもしれない。こうして〝ストッパー江夏〟が誕生し、数々の名場面へと登場していく。移籍した広島では、2度の日本一、日本ハムでもリーグ優勝と〝優勝請負人〟の異名そのままの活躍をする。同時に、これまでのトレードのイメージを激変させていく。

私は、江夏とは12シーズンにわたり対戦しているが、121打席36安打、打率2割9分7

厘、本塁打12本の記録が残っている。自分の終身打率が2割7分7厘だったことから考えればよく打った投手だったと思う。中には、1972年、江夏から私が本塁打し、阪神が負けたことにより巨人のV9への流れができてしてしまった時のように、複雑な思いを残したこともあるが…。

私が江夏を打てたのは、私なりに投球の癖を見抜いていたからだ。まず、直球とカーブでは両腕の開きに微妙な違いがあった。また、目と首の動きで、インコースかアウトコースか予想することもできた。1982年、私の引退試合に江夏が登板してくれた。これは私を〝少しはいい打者〟として認めてくれていたのではないかと誇りに思っている。

そして、もう一つ。江夏が「右打者のタテの外角線が空気の中にはっきり見える」といった言葉の中に王さん、長嶋さん同様、五感を超越した何かを感じるのだ。

(3) 聞こえない音を聞く長嶋茂雄さん

長嶋茂雄さんのことを人は天才と言うがやはり努力の人だろう。その努力を促す源となったのが、本屋敷錦吾さんと杉浦忠さんの存在であったことを強調したい。

長嶋さんが「ミスタープロ野球」の名声をほしいままにする素地は、立教大学へ入学した時から培われる。1953年(昭和28)、長嶋さんは立教大学のセレクションを受ける。そこで、この年甲子園を沸かせた兵庫芦屋高の本屋敷さんと出会う。華麗な守備に長嶋さんは一目置かざるを得ないことを痛感する。翌年共に立教へ入学するが、守備だけではない、理論的にも筋を通し、監督とも互角に渡り合える本屋敷さんを、長嶋さんはライバルと思いながらも尊敬していったのだろう。その表れが本屋敷さんとのキャッチボールを最も大切にしたことだ。互いに相手の捕りやすい所へ投げることを心掛けたという。ボールに互いの心と心を込め、エールを交換し合っていたのだろう。大学卒業後、本屋敷さんは阪急に入団し、2年続けて盗塁2位の成績を残す。2番打者として、犠打が多く求められる打順での成績に高い評価が集まったことは言うまでもない。盗塁の天才と評された本屋敷さんは、盗塁の秘訣《ひけつ》を問われ、次のように説明する。

「投手の肩に全神経を集めながら、スタート姿勢に入る。右投手だと右肩の上の空気をじっと見つめていると、打者に投球する場合、肩の上の空気がスーッと動く」

そして、阪神に移った本屋敷さんは、今度は名手吉田義男さんと組み、鉄壁の二遊間を作り上げる。体力に恵まれないのにもかかわらず、12年間レギュラーを守り通すのだ。

そしてもう1人。長嶋さんは、愛知挙母高（現豊田西高）出身の杉浦忠さんと立教大野球部智徳寮で同室となる。無名校の出身ではあったが、当時の砂押邦信監督は、長嶋さん、本屋敷さんと共に杉浦さんの素質にも注目する。大学卒業後は、鶴岡一人監督の熱心な誘いに感激し、「鶴岡さん　僕は男です」の名セリフで南海へ入団する。そして、１９５９年38勝

４敗という今では想像もできないような成績を引っ提げ臨んだ巨人との日本シリーズ、４連勝すべてを杉浦さんが勝ち投手となるという離れ業をやってのける。「親分のためなら毎日でも投げます」という言葉通り、入団３年間で96勝37敗の成績を残す。残り10年間で91勝であったことを思えば、杉浦さんがいかに意気に燃える男であったか想像できる。数々の歴史小説を残した司馬遼太郎氏が『覇王の家』の中で、徳川家康を支えた三河家臣団が、生死をいとわず突撃する姿を〝三河馬鹿〟と表現しているが、杉浦さんの働きはまさに〝三河馬鹿〟そのものだろう。愛知県出身のプロ野球選手は多いが、その中でも「三河魂を引き継ぐ杉浦こそ№１の選手」と、司馬遼太郎氏なら太鼓判を押すだろう。

話を本題に戻そう。立教へ入った長嶋さんたちを待ち受けていたのは、砂押監督の下での猛練習だった。受ける方か打つ方かどちらかが倒れるまで続くノック、日が沈んでも練習は終わらない。ボールが見にくくなると、石灰をまぶしてまで続ける「月下の千本ノック」は、砂押監督のスパルタ教育を象徴する練習として今でも語り継がれている。「月夜のトスバッティング」もあれば「月光のキャッチボール」もあった。声帯がつぶれるまで続く掛け声の練習まであった。しかし全身をあざだらけにしての練習にも、２人は互いに「負けるものか」とライバル心むき出しに頑張り抜く。その一方で砂押監督への親しみも深めていく。

実はこの月夜の練習が、長嶋さんの動物的勘に磨きをかけていくこととなる。ボールがよく見えない中での練習だけに、ボールの跳ねる音に神経を集中する。また、目だけではボールを打つ位置が分からず、勘に頼らざるを得なくなる。長嶋さんはアウトコースかインコースかをヤマを賭けて打つ打者であったが、うなずけるところだ。いずれにしても月夜の練習は聴覚を最大限に研ぎ澄ましたものであり、心眼を開いたものであると言ってもいいだろう。

現役引退後、長嶋さんは私にこんなことを言ったことがある。

「星野は、カーブを投げる時、ボールをひねるビシッという音が聞こえた。木俣は、ピッチャーが投げる前にミットを右手で叩くが、その音の位置で木俣が構えている所が分かった」と。

砂押監督は3人の野球センスを見抜き、1年生の時からリーグ戦に起用していく。長嶋さんも2年生の春のリーグでは第1戦から3番で先発出場していく。ところが、下の学年である3人の起用は、日ごろの猛練習への反感とも相まって4年生を中心とした「砂押監督排斥運動」へと発展する。3カ月の騒動の結果、砂押監督は、辻猛監督へとバトンを譲る。

こんな状況の中で、長嶋さんは杉浦さんと共に、大学を中退し、プロへ行くことを考える。そして訪ねたのが、杉浦さんの地元球団中日だった。当時の球団代表代行高田一夫さんに「契約金はいらないから、中日に入れてくれ」と頼んだというのだ。高田代行は「まずは卒業することだ」と諭し、帰したというが、もしこの時2人が中日に入っていたらどうなっていたか。なお、本屋敷さんが一緒でなかったことは興味深い。その後3人は東京六大学リーグで、数々の記録と大きな人気を残すことになる。

4年になった1957年、六大学のスター長嶋さんのところにはプロからの熱い視線が注がれるようになる。南海鶴岡監督は「うちのチームは君が欲しいが、それ以上にこの鶴岡が長嶋に惚《ほ》れたんや」と名文句を残す。名将の誉れ高い鶴岡監督にそこまで言われれば、長嶋さんの心が南海に傾いても当然だっただろう。しかし、1958年、長嶋さんは契約金1800万円で巨人に入団する。同じように鶴岡監督に誘われた杉浦さんが、男気を出すかのように南海へ入団したのと好対照だ。ただ、さまざまな流れの中での巨人入団であったがために、国会の場でも取り上げられるほどの波紋を残した。

その年、オープン戦でも素晴らしい成績を残す六大学のスター長嶋さんと、プロ野球を代表する国鉄（現ヤクルト）金田正一さんとの勝負の盛り上がりを期待するマスコミは、長嶋さんをセンターフェンスすぐ後ろに、そして金田さんをグラウンドに立たせ握手するショットを掲載し、人気をあおろうとする。金田さんは言う。「長嶋はここまで打つぞという宣伝だ」。そして開幕戦、長嶋さんは3番サードでスタメン出場するが、金田さんにわずか19球、打球は1つもフェアグラウンドに飛ぶことなく4打席4三振に打ち取られる。この時のことを長嶋さんは、「凄《すさ》まじい気迫を感じた。金田さんの目がつり上がっていた。そして、速いボールがホップし、カーブは鋭く変化する。まるでタイミングが合わなかった」と続ける。一方金田さんも振り返る。「実は長嶋との対戦以上に、この試合どうしても負けられぬ理由があった。闘病中の父親が、はるばる名古屋から応援に来てくれた。多分、私が投げる姿を見るのはこれが最後、そんな思いが自分にはあった」。そして、長嶋さんは語る。「それまで持っていたプライドはズタズタに切り刻まれた。でも、この投手を打ち崩さなければ自分の生きる道はない。ましてやプロでは一流になれないと自分に言い聞かせた」

この対戦は金田さんの完勝のように語られる。しかし、そうではないことを試合後の金田さんの言葉が物語っている。「3万5千人の大観衆の歓声の中にもかかわらず、長嶋のバットスイングの音が聞こえた」と言うのだ。金田さんにとっても初めての経験は、長嶋さんを全力でぶつからなければならないほどの相手と意識させることとなる。金田さんもまた、誰にも聞こえない音を感知する耳を持っていた。

「最高の投手に出会ったからこそ、自分も世間から一流の打者と言われるようになった」。これは長嶋さんの言葉だが、最高の投手の1人が金田さんなら、もう1人が稲尾和久さんだった。稲尾さんとの最初の対決は、長嶋さんが入団した年のオールスター戦だ。この時、長嶋さんは稲尾さんから二塁打を打っているのだが、不思議なことに稲尾さんは「全く覚えていない」と言う。訳を聞くと「当時のオールスター戦は、対セ・リーグの打者ではなく、対野村さんだった。野村さんの求めるサインをいかにはぐらかすか、それだけでなく野村さんのサインの癖をいかに見抜くかだけが狙いだった」と言う。そんな稲尾さんだったが、その年の日本シリーズで長嶋さんと正対することになる。

日本シリーズ第1戦、先発した稲尾さんは、長嶋さんに得意のスライダーを痛打され負け投手になる。その後もチームは長嶋さんをはじめ巨人打線にいいように打たれ3連敗。恵み(?)の雨で延期となった日、稲尾さんは改めて長嶋さんの打席での動きを振り返った。「これまで自分が対戦した好打者に対しては、いろんな球種を投げ、狙い球を探ってきた。しかし、長嶋はこれまでの打者とはどこか違う。何かボーッとしているようで狙い球が読めない…。ことによると彼は、来るボールを感性だけで打っているのではないか…」。そして、自分の投げる腕がトップの位置にきた時の、長嶋の肩の微妙な動きに気付いた。そこで稲尾さんが思いついたのが〝ノーサイン〟での投球だった。稲尾さんは速球の握りのまま、球が手を離れるごく直前の長嶋さんの肩の動きを見て、スライダーとシュートを投げ分けたのだ。もちろん捕手の和田博実さんも何を投げてくるのかは分からぬままの補球となる。このノーサイン投球に長嶋さんもついていけず、結局このシリーズは西鉄が3連敗の後4連勝し奇跡の日本一に輝く。後日、稲尾さんは言う。「最高の打者に出会ったから、自分も一流の投手と言われるようになった」と。補足であるが、稲尾さんと何度も対戦した打者野村克也さんは「私が勝負した限りでは、打者を見て、投げる瞬間に球種を変えることができた投手は稲尾だけだ」と言う。

数々の名プレーと共に、長嶋さんが残した数々の名言の中から、二つ。

「きのうの栄光よりあすの活躍だよ」

長嶋邸の応接室には飾り棚がないそうだ。「データは過去のもの死んだもの。その日により風も違うし、湿度も違う、相手チームの状態も違う。全て、現場に出ないと分からない。要は、感性が大事」という長島さんは、監督になってもミーティングをキャンプ中以外は、年に4、5回しか行わなかった。〝カンピューター〟と表現された長嶋野球は、私生活でもそのままであったのだと思う。

「僕はサードのポジションにいても無意味には体は動かさない。キャッチャーの構えでタマのコースは分かるし、一番見るのはバッターの目。打ち気かどうか。セーフティーバントをねらってくるか、そりゃーだいたいの見当がつく」

視覚、聴覚を鍛え抜くことにより、それらを超越した第六感が備わる。その代表的な選手が長嶋さんではなかったのかと思う。

（4）時間を超越した王貞治さん

早稲田実業高校のエースとして甲子園での優勝を果たした王貞治さんは、大きな期待の中で1960年（昭和35）巨人へ入団する。しかし、水原茂監督は投手としての王さんにすぐ見切りをつけてしまう。コントロールはいいが球が優しすぎると目に映ったのだ。このことは王さん自身も「初めてブルペンで投げた時、先輩投手の球より見劣りがするように思えた」と語っている。一方川上哲治ヘッドコーチは、王さんが打った後も顔が残っているフォームを見て打者として大成するのではないかと予感した。王さんは一塁手として起用されたオープン戦で、長打力と選球眼の良さをかわれ、開幕戦に初先発する。しかし、金田正一さんには2打数2三振を喫してから12試合26打数無安打が続き、「王、王、三振王」と野次られる始末。結局この年も翌年も期待されるほどの数字が残せない。直球には鋭いスイングをするもののカーブには尻もちをつくなど、好投手に出会えば簡単にタイミングを狂わされてしまい、なかなか期待に応えられない。

そして3年目、監督に就任した川上さんは、新しく打撃コーチに迎えた荒川博さんに王さんの指導を託す。その時の言葉が面白い。「素質はいい。だがナマケモノだ。本塁打を25本は打てる打者にしてくれ」と、後の王さんからは想像もできないことを言う。王さんの打撃フォームを見た荒川さんは、右足を踏み出すと同時にバットが後へヒッチすることに気付く。右足の動きと腕の動きがバラバラなために振り遅れるのだ。その癖を直すために荒川さんは右足を上げ、左足に重心を残すことを勧める。この練習はキャンプから始まり4月、5月、6

月と続く。しかし、一向に結果が出ない。前年度より進歩するどころか本塁打も月に2本程度しか打てなくなってしまう。王さんは悩みに悩み、とうとう打席に立つことに怖さすら感じ始める。そんなある日、〝間〟がうまくとれないことに気付いた荒川さんは右足をもっと高く挙げることを指示する。「投手が足を上げたらお前も上げろ。下ろしたらお前も下ろせ」と言われたそうだが、王さんはよく分からなかったと言う。しかし、言われたようにして臨んだ7月1日の大洋戦。稲川誠投手から足を上げてのフォームでの初本塁打を放つ。その時の実況放送のアナウンサーは「昨日まではこんな打ち方ではなかったと思います。一本足です」と興奮気味に王の本塁打を伝えている。捕手の土井淳さんは「ストライクゾーンに足を上げられボールが見えなくなるような奇妙な感じだった」と後日振り返っている。こうして王さんの一本足打法が日の目を見出した。

しかし、王さんの本当の努力はこれが始まりだった。この1本は半年以上の迷い、悩みに一筋の光明を与えた1本に過ぎない。そう考えた王さんは凄《すさ》まじい努力で一本足打法の完全な習得を目指す。そこには〝ナマケモノ〟と評された姿からの180度の転換、いやそれ以上だった。ところが相手投手もプロである。その代表格が金田さんだった。剛速球とカーブとを絶妙に織り交ぜ王さんの一本足を崩しにかかったのだ。

再び迷い始めた王さんがたどり着いた結論は、再び〝間〟をどう確保するかだった。一本足打法は、動、静、動のリズムだが、静をどう保つかが生命線だ。静とは動かないだけではない。いつでも動き出せる体勢なのだ。しかし、相手投手の投球はフォームも違えばボールのくる瞬間も微妙に違う。それに合わせ振り出さなければボールはとらえられない。そこで取り入れたのが真剣を使っての居合いの練習だった。天井から吊《つ》り下げられた細く切られた紙がかすかに揺れる中で、自分と平行になる瞬間をとらえ真剣で切り込む。こうして得られた極意を織り交ぜ一本足打法の練習に取り組む王さんの練習風景を見た者は、王さんのバットが空気を切り裂く音に誰もが思わず正座した。一本足打法を完成した王さんにはまさに敵なしだった。「打者の研究をしたことはない」と豪語した金田さんですら「王のことは研究した」という。

　投手と打者との間は、18・44メートル。そこをわずか0・4秒程度でやってくるボール。しかも投手の投球フォームは千差万別だ。しかし、王さんは相手が誰であろうと自分の間合いを保ち、ストライクゾーンへきた球だけを打つ。「決して型が崩れない。ピッチャーを懐へ呼び込んだ。芸術的だ」とは権藤博さんの王さん評だ。王さんは凄《すさ》まじい努力の結果、ゼロコンマの世界の中での〝間〟に注目することにより、相手投手を自分の時間の中に引きずり込んでしまったと言ってもいいだろう。通算868本のホームランはこんな努力の結晶だった。素質のあるなしは、本人が練習をするのかしないのかの違いだろう。ちなみに、王さんの握力は、スポーツ選手としては弱い方だ。スポーツにおいては、本気で練習を続けることが素質なのだ。

悩みながらも練習し続けた体力に加え、王さんの精神力の強さにも注目したい。王さんの通算四球は、2390個であり、現役25シーズンのうち5～6シーズンは全打席四球で歩いたことになる。徹底的な四球攻めにも耐え抜き、フォームを崩さず好球を待ち続けた精神力、まさに達人の域に達していたのだ。

私も王さんの一本足打法を見続けてきた一人だが、びくともしない構えは「足が地面に埋まっている」ようだった。また、王さんの言った「ボールの外側つまり投手よりの所を打つ感じでボールを押し込んでいき、フォローを大きくして遠くに飛ばす。また、ボールの中心より5ミリ下を打つとスピンがかかりよく飛ぶ」という言葉は、合気道で会得した気（心）を表現したものとして興味深い。

王さんに対しては、もう一つどうしても記しておきたいことがある。それは小川健太郎さんの背面投げだ。

小川さんが中日で活躍したのは王さんの全盛期と重なる。小川さんも他の投手同様に王さんのホームラン量産の餌食となっていた。何とかタイミングを外そうとするのだが一向に効き目がない。1969年のキャンプの時、小川さんが、タイミングをずらす方法はないものかと私に相談してきた。私は答えた。

「右腕の振りや、左足のステップをどう変えたところで無理ですよ。王さんの左足は鉄棒みたいにピーンと突っ立ったままで、地震がきても動かない」と。

この私の言葉に、小川さんは右腕、左足の時間差攻撃をあきらめ、思いもよらなかった背面投げ、そして、股間投げを考案し、誰にも気付かれぬよう2人だけの秘密練習を始めたのだ。

１９６９年6月15日、とうとうプロ野球史上初となる背面投げが見られる日がやってきた。午後7時からの後楽園、対巨人9回戦だった。私は事前に審判室を訪ね、富沢球審にそれとなくボークにはならないとの感触を得ていたが、試合直前、小川さんは私に「なあ木俣よ、ハワイ真珠湾奇襲攻撃の気分だなあ」と話し掛けている。

１回裏、打席には王さん。カウント1―1の後の3球目、ボールは、間違いなく小川さんの左腰から飛び出してきたのだ。残念ながら15センチ近く外れたボールになったが、球場に

王さんからいただいたサイン入りバット。王さんが使っていたもの

いるもの全員が目を疑ったに違いない。そして、5回裏、小川さんは2度目の背面投げを試みるがこれもボール。何百球と練習してきた背面投げだったが、わずか2球を投げただけで、以後、小川さんが背面投げを試みたことは一度もなかった。

王さんへの背面投げについては王貞治監修「SADAHARU OH treasures」（文化社）にも寄稿させていただいたので、引用させていただく。

――― そしてお披露目の機会が巡ってきました。1969（昭和44）6月15日の試合で投げているのですが、2度目に投げたときに、王さんがあの目で僕の顔を見てムカーッとした表情で睨《にら》みつけたんです。ベンチからは荒川さんが血相を変えて飛び出してきて、「なめとるのか」と叫びました。それで、「ああ、このボールもう投げさせたらあかんな」と思いました。

それとは逆に、王さんが8年連続40本を打っていて、9年連続の記録がかかっているシーズンの最終ゲームだったんですが、中日の投手は稲葉光雄でした。そのときの山本球審も記録のことは知っていますから、意識されていたわけですよ。

もうチームの順位も決まっているし、私も稲葉に「今日は王さんには〝武士の情け〟でストレート一本でいくぞ！」ということは伝えました。稲葉も「わかりました」ということで、9年連続40本塁打の記録に名前が残ってもいいやという気持ちだったんです。ところがそうやって投手が気楽に投げると、球がいつもよりスーッと伸びてきてキレのあるボールになるんです。結局、王さんは4打数0安打で、最後はライトフライだったと思います。野球とはそういうものなんですね。〝武士の情け〟に一発回答できなかったけど、王さんは感謝してくれました。――

本塁打いろいろ

王さんと同じように大きな本塁打を打ったのが清原和博。オールスター戦でナゴヤ球場初となる場外弾を放った。また、東京ドームではキリンの看板を直撃する本塁打で100万円を獲得している。

近鉄時代のブライアントは、2000年6月6日西武ドームのセンター上空44メートルのスピーカーを直撃する本塁打を放っている。当たらなければ170～180メートルは飛んだだろうと推定されている。

反対に大リーグでは、3メートルの本塁打が記録に残されている。1902年ミネアポリスのオイラーノンの打球が、雨のためぬかるんだグラウンドの芝の切れ目に入り見当たらなくなってしまい、ランニング本塁打となった。

(5) 反骨精神のかたまり西本聖

1984年(昭和59)、巨人に入団した西本聖は、ドラフト外であったため、その時から並々ならぬ反骨心をみなぎらせ、エースへの階段を上り始める。しかし、パーマをかけたり、ひげを伸ばしたりする彼の行動は、管理野球の行き届いた巨人の中ではなかなか受け入れられない。和を乱す変わり者とみられ、1989年、追われるように巨人を去り、中日へと移る。そこで、沖縄キャンプで同室となった山本昌弘は、巨人時代の西本に張られたレッテルが、全く的外れであったことを思い知らされる。誰よりも多いランニング量、投球練習後の水泳、整体師から教わったという体操と、自分に最適と決めたメニューに黙々と取り組むのだ。そこには他からの干渉を一切許さぬ気迫さえ感じられるのだ。身勝手な男ではなく、野球に対する貪欲さを持ち合わせた男だったのだ。

そんな西本に、星野仙一監督は「ニシ…。行くぞ、開幕だ」と告げる。しかし、残念ながら開幕戦は雨で流れる。4日後のヤクルト戦に登板した西本は、延長12回、仁村徹のエラーでサヨナラ負け。ところが西本は悔しさ以上に、168球も投げられたこと、そして最後となった球が138キロであったことに、今シーズンへの手応えを感じていたのだ。3度目の登板となった巨人戦は延長引き分け。そして、4月26日阪神戦、中日の西本が初勝利をあげる。118球の完投だったが、決勝となる打点を挙げたのが仁村徹であったことも何か因縁めいている。この年、西本は20勝し一躍エースの座へと上り始める。

西本を支えていたのは「負けてたまるか」という気迫と共に、己の身体本来が持つ自然回復力を呼び覚ます努力だった。整体師から教わった体操を、西本は体質改善体操と呼び、毎日欠かさずに続けていた。その結果、他の選手が入念に行っていたマッサージを一度も行わずに過ごした年もあった。こんなところにも西本の反骨精神を垣間見ることができる。

(6) 闘争心のかたまり衣笠祥雄

1965年（昭和40）入団の衣笠祥雄は、現役中に5回の骨折を経験する。肋骨《ろっこつ》骨折を2回、左肩甲骨骨折、左手親指骨折、右手首骨折といずれも重傷だった。そのうちの三つが中日戦での出来事だけにはひときわ思い出に残る選手だ。衣笠の凄《すご》さは、これらの骨折を隠したまま、連続出場1247試合、全イニング連続出場678試合を記録したことだ。

1983年10月3日、中日戦での死球による左手親指骨折のことを衣笠はこう語っている。「はじめはねん挫だろうとくらいに考えていたが3日たっても4日たっても腫《は》れが引かない。トレーナーと『おかしいな』と言い合いながら、グラブに細工を施してみた。テーピングで固定しただけでは衝撃が弱まらず、グラブの指の穴にアルミニウムの筒を押しこみ、その筒で防御して試合に出た。遠征は、名古屋、横浜、後楽園、神宮と続き、10日目にやっと広島へ帰り着いて、空港から病院へ直行した。レントゲンを見ると、案の定、骨折していた」

骨折したままの状態で17試合に出場したことになる。ここに衣笠の強烈なプロ魂を読み取ることができる。休むことはポジションを失うことであり、野球から自分が逃げることにもなる。野球選手にけがはつきもの、だとするならば「痛めた個所をどうやってカバーすればプレーできるか」という発想の転換でもあるし、西本同様、頑《かたく》なに己の身体の中の自然回復力を信頼していた証でもある。こんな衣笠らしく決して逃げずに、球に向かっていく打撃スタイルは、死球161個、歴代2位の記録を残す。

1984年、20年目を迎えた衣笠は、打率3割2分9厘で初の3割台、ホームラン31本、打点102をあげ、初のリーグMVPを獲得。チームも3度目の日本一に輝いた。

エンドルフィン

ボクサーが殴られても痛くなかったり、マラソンランナーが途中から苦しさが消えたりすることがあるが、これはモルヒネの20倍の鎮静作用があるエンドルフィンによるものであり、強い刺激により分泌される。人間が死ぬ時には大量に分泌されるともいわれている。私も、広島三村敏之にスパイクされ左手を7針縫うけがをしたことがある。しかし、痛さは全く感じず、患部を自分で水洗いし、病院へ向かった。

(7) 空間を超えた落合博満

1979年（昭和54）社会人野球を経てロッテに入団。山内一弘監督から直接指導を受けるが、落合自身が「山内さんの高度な打撃理論が理解できなかった」と言うとおり思うように打球は飛ばなかった。

余談になるが山内さんが中日の打撃コーチ時代、私たちは山内さんのことを「かっぱえびせん」とあだ名していた。教えだしたら止まらないのだ。朝から晩まで教えまくる。ところが朝言うことと夜言うこととがまるで違う。山内さんにそのことを尋ねると「自分に合った方を選べばいい」と平然と応じるのだ。落合が同じ経験をしたかどうかは分からないがやがて、自らの〝神主打法〟を完成させていく。

後日談であるが、落合自身が〝神主打法〟を見つめ直してみると山内さんから教わったことがその中に生きていることに気付いたという。1980年、ロッテに移籍してきた張本勲さんは柔らかなリストを生かした落合の打撃を見るなり「素晴らしい」と絶賛した。張本さんはレベル・アッパーの打撃理論を主張する打者だが、落合の打撃

ロッテ時代の落合のグラブ（木俣所有）

フォームの中に己との共通点を見たのだ。張本さんの見込み通り、その後落合は、1982年、1985年、1986年とパ・リーグで3度の三冠王に輝く。2年連続三冠王は、王貞治さん、ランディ・バース、落合の3人であり、3度の獲得は落合のみだ。しかし、信奉した稲尾和久監督が解任されると「ロッテにいる必要はない」と公言し中日へ移る。

移籍1年目こそ不本意な結果に終わるが、翌1988年には本塁打、打点ともリーグ2位の成績を残しチームの優勝に貢献する。しかし、多くの選手が年俸を大幅にアップさせる中で落合だけが現状維持。無冠であったことが球団側の言い分で、落合も認めざるを得ない。タイトルを獲ったらアップの約束で臨んだ次の年の終盤、1球目からすべて打つ積極的な打撃で5試合連続本塁打を記録するなど破竹の勢いで打点を稼ぎ、史上初の両リーグ打点王となる。さらに翌年には本塁打、打点の二冠を獲得。本塁打部門でも史上初となる両リーグ制覇を果たす。ただ、首位打者両リーグ制覇をかけて臨んだ1991年、最終戦で古田敦也の前に敗れ去る。この試合で敬遠攻めにあった落合は、1試合6四球の日本記録を作ってしまう。その後、巨人、日本ハムへと移籍し、1998年現役生活に終止符を打つ。

落合は、左投手が投げるスローカーブに設定されたバッティングマシンを自分の真正面に置き、自分に向かって飛んでくる球をピッチャー返しする練習、俗に言う正面打ちを繰り返していた。空振りまたはファールチップすれば自分の身体を球が直撃するから真剣勝負だ。

こうしてバットが身体の近くを通るスイング軌道、ヘッドを遅らせて振る技術の両方を身体に覚えさせるとともに集中力をも磨いていった。落合コンピューターとも評される鋭い読みと高度の打撃技術で、数多くのタイトルを獲りさまざまな記録を残していく。２０００本安打を達成しているが、５００本目、１０００本目、１５００本目、２０００本目、そして、１０００試合出場、２０００試合出場の節目には、必ず本塁打を打つという離れ業を見せている。状況に応じて安打、本塁打を打ち分ける技術をも持ち合わせていたと言えよう。

私は、落合が試合中バットを折った場面を一度も見たことがない。そして、ボールを打つ位置は、バットの一カ所だけである。優れたバットコントロールを裏付ける一つの証拠だろう。ただ一カ所だけで打つのでその部分がはげてくるため、年間20本ほどのバットを用意していた。道具をとても大切にする落合は、正月に仏壇前にバットを並べ開眼供養をし、ジュラルミンの箱にバットを保管、移動する。ジュラルミンの箱で保管するのは、湿気を防ぐためだ。９２０グラムのバットを使っていたが、持つだけで5グラムの違いが分かったという。もう一つ、落合のすごさは、相手投手のウイニングショットを狙うところだ。だから、２ストライクを取られた後のヒットが多い。

契約更改の難航などから、個人プレーに徹しているように見られがちな落合だが、必ずしもそうではない。走者一塁で打席に立った時、ノーサインで送りバントを成功させたこともあり、状況に応じた打撃を心掛けていたことは確かだ。猛練習を積み重ねる落合であるが、その姿をファンの前で見せることはない。そんなところから「変わっている」とよく言われるが、自分のペースを貫き通す頑固さがそう映るのだろう。中日時代、毎年自主トレを長野県の昼神温泉で始める。午前3時3分3秒、三冠王を目指し、ゲンを担いでの始動時刻だ。トレーニンはまずプールの中を歩くことから始める。オーバーペースにならぬよう内容は毎年測ったように同じだ。

イメージトレーニングを大事にする落合は、試合前のビデオミーティングには出ないことが多かった。凡打したビデオを見ると、先に悪いイメージが頭に入ってしまうと考えるからだ。

ロッカーも一番きれいであるし、酒は飲まない、キャンプ中は一切外出しない、シーズン中は試合が終わるとまっすぐ家へ帰る等々、考えてみればごく真面目な行動を落合がとると異様に映るのが面白い。

2004年、中日監督に就任すると「補強せず、ここの選手の能力を10％底上げし日本一を獲る」と公約し見事リーグ優勝を果たす。以後「オレ流采配」という活字が躍るようになる。

現役時代の1993年阪神21回戦で、7対1のリードを守れず大逆転負けを喫した試合を振り返り「勝負ごとにおごりは禁物。誤った采配を招く」といい、「相手が強く記憶に残るまで、手を緩めずに完璧に叩きのめすことが大切」と語っている。あるいはこの言葉が落合野球の原点かもしれない。中日のスコアラーは10人で12球団中では最も多い。それぞれが担当球団を分担し細かな情報収集に当たる。整理されたデータは刻々落合監督のもとへ届けられている。また、どんな場でも監督のコメントは短く、欠場する選手の情報は一切出されない。そのためサービス精神の不足が指摘されることが多い。ただ、負けた試合でも個人名を出して批判する事はなく、選手自身の反省を待つ姿勢を見せている。レギュラーであろうと調子が悪ければすぐ2軍へ落とし、逆に調子のよい者はすぐ1軍にあげるという選手にとっては納得しやすい采配が目に付く。落合監督にはこんな一面もある。２０１０年4月27日対巨人戦。落合監督はベンチから球審の体調不良を見抜き、歩み寄り交代を勧める。球審は2回表が終了した時点で途中交代する。いかに周囲の状況を把握しているかよく分かる。

オレ流を通す落合監督であるが、少しずつ言動に変化が出てきていることは確かだ。山本昌広が２００勝を完投で飾った試合、「代えられません！　日本シリーズとは違います。日本シリーズはチームの記録。きょうのは本人の記録です」と周囲を喜ばすコメントを出したのもその一つだろう。

（8）夢と目標を追い続けるイチロー

イチローがプロ野球への道を歩み始めるのを支えた人が2人いる。1人は、チチローこと父宣之さんであり、もう1人は、名電（現愛工大名電）中村豪監督だ。

宣之さんもイチローの兄も、足が速く、肩が強かった。俊足、強肩は鈴木家の家系だった。小学校3年の時、イチローはスポーツ少年団野球部に入り、毎日200球のティーバッティングをこなしたというが、父は、ただの一度もそれを強要したことはない。中日小松辰雄の投げ方、田尾安志、谷沢健一、巨人篠塚利夫の打ち方を、自分なりに真似し、練習するイチローに口を挟んだこともない。唯一、左打席での練習を求めただけだ。宣之さんは言う。

「自分に確固たる理論がなかったのが良かった。あれば、子どもにそれを押しつけたくなるし、その通りにならないと怒ったりもする。これでは、親子が対等ではないし、練習が子どもにとって苦痛以外の何物でもなくなってしまう」と。

小学校3年生から中学校3年生まで、毎日、親子でバッティグセンターへ通い、6年生からは、硬式でのティーバッティングも始めた。中学3年生になると、時速130キロの球でも打ち返すようになり、マシンには140キロの特注ばねが用意されたという。一方、宣之さんのトスは緩急織り交ぜたものだった。それによりイチローは、スピードボールに照準を合わせながらも、変化球にも自在に対応する技術を高めていく。また、時には正面からトスを上げることもあったが、宣之さんを打球が直撃することはなかったという。さまざまな練習の工夫以上に宣之さんが大切にしたことがある。それは、練習後行う、イチローの足の裏へのマッサージだった。毎日1時間、それを7年間欠かさなかったのだ。それによりイチローは体の疲れをほぐすだけでなく、心の安らぎを得るとともに、野球を通しての人間としての考え方、人生のとらえ方を教えられていったのだろう。

イチローの打撃で特筆すべきは「ヤマを張らない」ことだろう。それは、どんなボールにも瞬時に対応できる、目の確かさ、身体の対応が徹底的に訓練されたからだ。イチローは、マシンが育てた天才と言われるが、マシンから投げられるボールは、天候により変化が違うし、その時のボールの良し悪しもある。また、アームへの縫い目のかかり方も様々で、1球1球変化してくる。マシンを相手にすることにより、イチローは動体視力と対応力を身に付けたのだ。また、投手の好き嫌いもなかったという。投手をマシンと思えば、そこからは何のプレッシャーも生まれてこないのかもしれない。

私が、初めてイチローに会ったのは、彼が小学校6年生の時であったらしい。というのは私自身がほとんど記憶していなかったのだ。しかし、イチローは私との出会いを大きな思い出として心に留めていてくれた。イチロー入団2年目のキャンプの時、取材に訪れた私に

「木俣さん、その節はどうもありがとうございました」

と話し掛けてきたのだ。びっくりした私は、顔を見ても思い出せなかったが、話していく

と野球教室で教えたことがあったというのだ。そういえば昔教えた子どもの中でずば抜けた子がいたな、400人ほどいた中でも群を抜いていた子、あの子がイチローだったのか…。私が「将来、きっとプロに入れるぞ！」と励ますと「もちろん中日に入りたいです」と答えた。

このことは、宣之さんからも直接聞いた。「木俣さんのイチローに言って下さった言葉が、彼にとっては何よりの励みになりました」と。

名電の中村監督は、過酷な猛練習で選手を鍛え、名電を強豪校へと育て上げた方だ。余談であるが、監督がプロ野球に送りこんだ13人のうち、高校時代に最も目に付いたのは、投手では工藤公康、野手では山崎武司、イチローは山崎の次だったという。

入部したイチローに「これからの3年間が、人生のうち最も厳しい期間になるはずだ」と、中村監督が告げた言葉通り、「プロ野球の比ではないほど厳しい」（イチローの言葉）高校生活が始まった。しかし、宣之さんが、「自分と考え方が近い方」と感じた中村監督の下、イチローは大きく成長していく。

投手イチローは、たちまちエースの座を勝ちとるが、中村監督は、幅広い守備への適応力を身に付けさせようと、三塁手だけでなく外野手の練習も課したという。そして、高2の夏、高3の春と、2度甲子園の土を踏むこととなるが、晴れの甲子園で、改めて1球の重みと野球の怖さを思い知らされる。1991年3月29日、対松商学園戦8回、それまで抑えていた打者に、ストライクを取りに行った球を狙われ本塁打を喫してしまう。そして、1回戦敗退。ここでの1球の教訓が、イチローの野球人生への新たな出発点となる。

甲子園へ出場したことにより、プロのスカウトの目が投手イチローにも注がれ始めたことは確かだ。しかし、大方の評価は「プロでは無理ではないか」というものだった。そんな中で、オリックス三輪田勝利スカウトは、他とは違い、打者イチローの可能性に注目していた。事実、イチローは高校通算19本塁打を放っていた。そして、三輪田スカウトの熱意が周囲を動かし、ドラフト4位、オリックスの〝背番号51〟が誕生する。ちなみに、この年、中日は投手イチローの5位指名を予定していた。後日談であるが、イチローも宣之さんも内心では中日からの接触を心待ちしていたようだ。

イチローの指名をめぐり、高校の後輩である阪急三輪田スカウトから私に「中日はどう動くと思うか」との問い合わせがあった。当時の私は中日と直接的な関わりはなく、もちろん内部情報は全く知らない。ただ、星野仙一監督と池田英俊投手コーチは、平田洋投手、鳥越祐介内野手らに狙いを付けているとの情報は伝わっていた。私は「3位以上はないと思う」と答えた。さらに「投手としてはどうか」と尋ねてくる。これにも「投手としては大成しないだろう。打者としては一流になる」と答えた。

今では〝背番号51〟を知らないものはいない。しかし、〝背番号51〟が脚光を浴びるまでにはもう少し時間が掛かる。それは最もイチローらしさが表出された時間でもある。

1992年、プロ1年目の外野手イチローは、ウエスタンリーグで、打率3割6分6厘を残し、首位打者となる。これは、高校卒としては初の快挙だ。2年目もウエスタンリーグで好打率を維持するイチローだが、1軍に上げられることはあってもなかなか定着させてもらえない。土井正三監督はじめ1軍首脳陣は「イチローが変則的な打ち方を続けるのは本人のためによくない」と判断し、再三、フォームの変更を指示する。しかし、イチローは頑《かたく》なに自分のフォームを変えようとしない。首脳陣にも、立場とプライドがある。極めつけは1993年6月12日近鉄戦、パ・リーグのエース野茂英雄からプロ初本塁打を放つものの、その日のうちに2軍降格を命じられてしまう。イチローは、実績を残しても認められない理不尽さ、悔しさをいやというほど味わう。しかし、そこからイチローの精神的成長が加速されていく。「今は耐える時」と自分に言い聞かせる一方、2軍河村健一郎打撃コーチと共に、〝振り子打法〟の完成を目指しさらに力を入れていく。

1994年、仰木彬監督が就任する。抜群の野球センスを見抜いた仰木監督は、オープン戦からイチローを1軍で使い続ける。変則的な打法についても、それを個性としてとらえ、改造を指示することはしない。一方、登録名も「鈴木一朗」から「イチロー」へと変更し、心機一転、イチローが、日本球界だけでなく世界へと羽ばたく環境が整えられた。

アメリカへ渡る直前、イチローは私に「日本でお世話になったお礼です」と、一つのボールを届けてくれた。私はそのボールを見るたびに、イチローの「何かを求め続け、決して守りに入らない」姿勢を実感したある場面を思い出す。

ＷＢＣ第２回大会決勝、対韓国戦延長10回のことだ。

第１回大会では、イチローは「世界の王さんに恥はかかせられない」との強い思いを前面に、練習初日から全力プレーを見せナインの意識を奮い立たせる。そして、臨んだ大会ではリーダーシップを発揮し、日本を優勝へと導く。しかし、第２回大会、イチローは大スランプのまま大会が進行する。自分が期待されているにもかかわらず結果が出ない事は百も承知だ。しかし、イチローは普段通り淡々と自分のスタイルを貫き通す。そして迎えた10回、２死一、三塁でイチローに打順が回る。テレビで見ていた私には、一つの興味があった。多分、この場面イチローはヒットを打つだろう。問題は、その後どんな表情をするのだろうか。

イチローがマリナーズ入団記念に配ったサイン入りボール

イチローは粘りに粘った。その間に一塁走者が二盗し走者二、三塁、私は一瞬敬遠を心配した。しかし、韓国は勝負を続ける。そして8球目、うまくセンター前へはじき返し、2走者を生還させ優勝への決勝打となる。

その間に二塁へ進んだイチロー、ベース上に立つが日本ベンチの大喜び、大観衆からの歓声や拍手の嵐の中でも全く表情を変えないのだ。「結果は結果。まだまだ次がある」そんなイチローの思いを強く感じたのだ。

この場面をイチローがこう振り返っていた。「これまでで最大の恐怖を感じた打席でした。敬遠してくれたらいいのにと思ったほどです。そうすれば自分のプライドを保たれると。しかし、相手捕手が座るのを見て、逆に闘争心が湧《わ》きました」。そして、二塁ベース上のことについては「平然として喜びを表さないのは、相手に嫌なやつだと思わせ、より大きなダメージを与えるためです」と話している。

私は、イチローからもらったボールに、WBC日本戦の時サインを入れてもらった。今は、そのボールに11年連続200本安打の期待を込めている。

4　五感を超える

プロ野球の一流選手を支える資質は、努力と感性だ。その努力と感性を呼び覚ます最も大きな原動力は、夢であり、夢に迫るための目標の設定だ。そして、強烈な闘争心、反骨精神がさらなる努力を呼び起こし、それにより感性も一層磨かれていく。

努力が積み重ねられることにより、技術が向上する。その際、選手の持っている優れた感性が、技術の向上に大きく関係する。そして、この過程で磨かれた五感が、常人では感じられない〝五感を超えた能力〟へと変化し、意識をも深化させていく。こんな視点から、私は、前記8人の選手をそれぞれの代表的な例として〈図―2〉のように位置付けてみた。もちろんイチロー、衣笠祥雄、西本聖も「五感を超え、意識を深化」させた選手であるし、野村さんたちも夢を追い続け、努力を重ねた選手であることは言うまでもない。

〈図―2〉五感を超えた選手たち

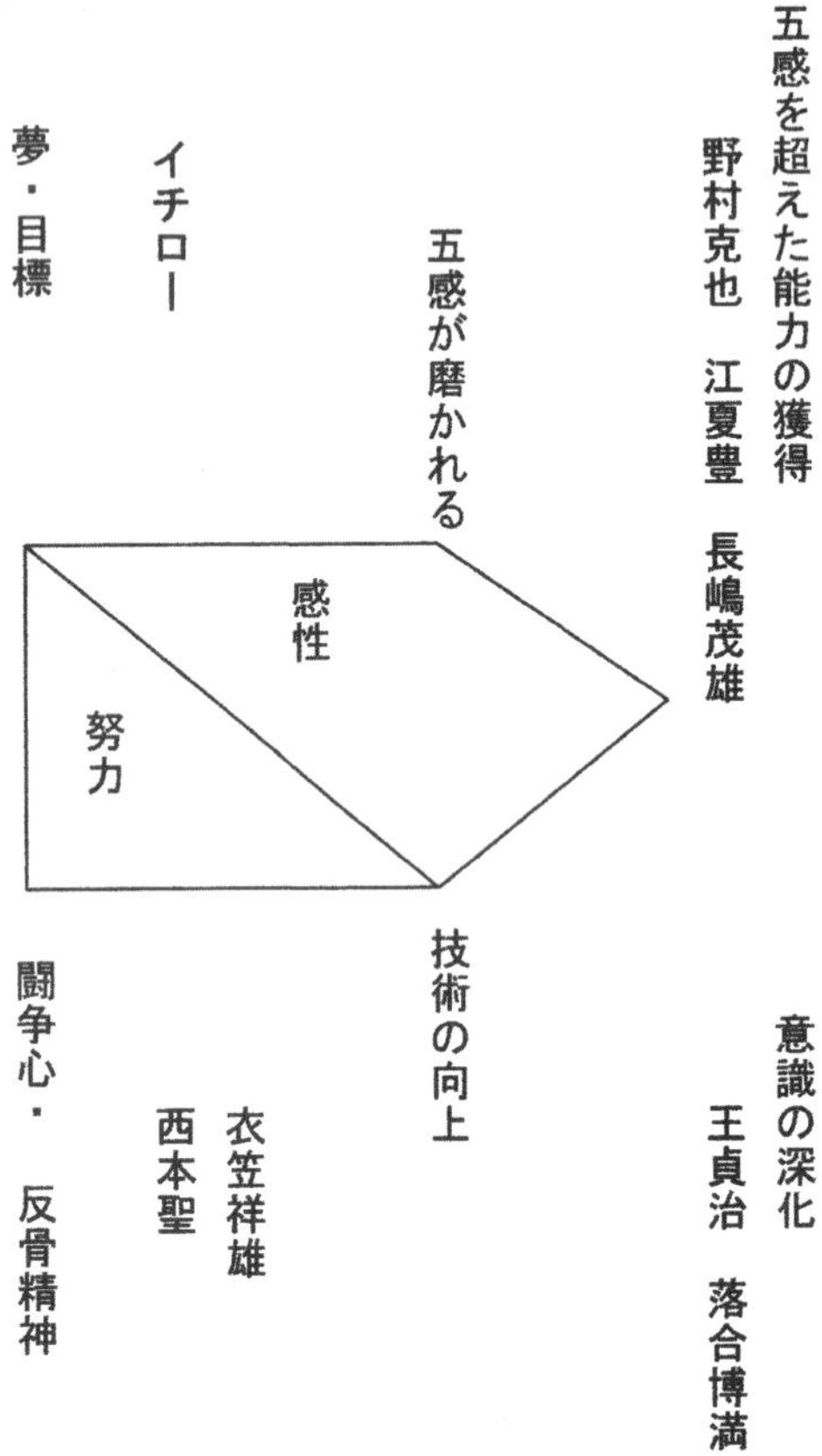

以下、「極意を究めた選手たち」で述べたことをまとめてみよう。

（1）夢そして戦う姿勢

イチローの素晴らしさは、野球だけでなく精神的にも成熟していることだ。父からは、「勝っておごらず、負けてくさらず」と諭され、「あだ名や代名詞がもらえる選手になれ」と励まされた。また、中村監督からは、「見せるプレーから魅せるプレーヤーになれ」と教え込まれてきた。そんな2人の存在が、彼の人間性をも高めていった。

夢を追い続ける姿、自分の信念を貫き通す心の強さ、努力が素晴らしい人との出会いを呼ぶという事実、そして「苦しんでいるところは見せない。きれいな姿だけ見せる」。そんなイチローのプロの美学は、子どもたちに大きな夢を与えるに違いない。

衣笠は決して逃げずに、球に向かっていく打撃スタイルに徹していた。また、西本は「負けてたまるか」という気迫を持ち続けた。そして、2人に共通していたのは、頑なに己の身体の中の自然回復力を信頼していたことだ。強い闘争心、あるいは反骨精神に裏付けられた「逃げない」姿勢こそ一流選手への必須条件なのだ。

(2) 五感の次にあるもの

野村さんは、投手の動きを観察し続けることにより、常人では見えないわずかな投球動作の違いを見抜いていた。また、プロ野球史上最高ともいえるコントロールの良さを見せた江夏は「右打者のタテの外角線が空気の中にはっきり見える」と感じ、「その線を目印にし投げた」と言う。同じようなことを、本屋敷さんも言う。盗塁を試みようとするとき、「投手の肩に全神経を集めながら、スタート姿勢に入る。右投手だと右肩の上の空気をじっと見つめていると、打者に投球する場合、肩の上の空気がスーッと動く」と。また、大洋の捕手土井淳さんも言う。「一塁ベースの30センチくらい上に、30センチ四方の空気が光って見える。それを目がけて投げた」と。さらに川上さんは「ボールが止まって見える。」「ボールの縫い目が見える（カーブ、ストレートかわかる）」とも表現しているのだ。ここに視覚を超えたものを感じる。

長嶋さんは「星野は、カーブを投げる時、ボールをひねるビシッという音が聞こえた。木俣は、ピッチャーが投げる前にミットを右手で叩くが、その音の位置で木俣が構えている所が分かった」と言う。さらに、金田さんは、長嶋さんとの初対決の時「三万五千人の大観衆の歓声の中にもかかわらず、長嶋のバットスイングの音が聞こえた」と言う。ここにも聴覚を超えたものを感じる。

フォークの神様杉下茂さんがエースとして投げ続けていた頃のことだ。朝、ボールを人差し指と中指に挟むだけで、その日の自分の力を予言したという。ボールが深く入れば「監督、今日は完投しますよ」と。入りが悪ければ、「監督、今日は途中交代でしょうか」と。そして、杉下さんの予言通りその日の試合は展開していった。

人差し指と中指との間が、90度開くと言われた杉下さんであるが、その日の体調を、指の開き具合で確認するとともに、両指の皮膚がボールと会話していたのだと思われる。ここにも超触角の事例を見ることができる。

私も打者のバットがボールをこすった時の焦げた匂いで、キャッチャーフライであることと、ボールの上がる方向を感知し、体が自然にその方向へと反応した経験を持つ。さらに、グラウンドへ立った瞬間の空気の匂いでその日の湿度を実感していた。

(3) 意識の深化

王さんの一本足で立つ姿を、私は「左足は鉄棒みたいにピーンと突っ立ったままで、地震がきても動かない」と感じていた。そこには、周りの空気が全て王さんに向かい流れ込んでいくような異様な雰囲気すら漂っていた。投手と打者との間は、18・44メートル。そこをわずか0・4秒程度でやってくるボール。いわば〝瞬間〟ともいえる〝間〟を王さんは〝長い時間〟と意識し、その間に様々な打撃技術を駆使する。それはあたかも相手投手を自分の時間の中に引きずり込んでしまったようにも見える。川上さんも選手時代に打撃の極意を「ゆっくりした〝間〟をつくり、相手を自分の〝間〟の中に引きずり込むこと」と語っている。

落合は必死に練習する姿を見せないことで有名だが、その練習法は凄《すさ》まじい。代表例は、バッティングマシンを自分の真正面に置き、自分に向かって飛んでくる球を打ち返す練習を繰り返していたことだ。その姿は、あたかも真剣を構えた剣豪の風格すら漂わせていた。スイング軌道とヘッドの出方という技術面だけでなく、集中力をも磨いていったのだろう。当然ここでも時間、空間を超えた〝間〟の意識が重要になるだろうし、〝呼吸法〟も問題となる。落合も常人を超えた意識の深化があったに違いない。２００３年（平成15）、『落合博満の超野球学』（落合博満著　ベースボール・マガジン社）が出版されたが、私は書名にある〝超〟の文字をとても興味深く思う。

第Ⅱ章　出会いを重ね19年

小学校4年生時のミット

1 捕手への道

（1）野球への憧れと夢

私が生まれ、育った愛知県岡崎市は、中日ドラゴンズで活躍した杉浦清遊撃手・監督、近藤貞雄投手・監督、杉山悟外野手、井上登二塁手、石川克彦投手たちの出身地だ。まだテレビが普及する前の時代、ラジオのプロ野球実況放送からこれらの名選手の名前を何度も聞いたことがある。私だけでなく岡崎市に住む同年代の子どもたちはみな、郷土の誇りにも似た思いからいつの間にか中日が好きになっていく。私も心のどこかに野球選手への憧れが芽生えていたのだろう。毎日、鉄棒にぶら下がり、自分なりに工夫した懸垂を繰り返していた。私が通った小学校は、家から10分ほどの所の市立広幡小学校。妹が４人いた。祖父正雄は男の孫が私ひとりであったためか、ことのほかかわいがってくれた。それだけに私も人生の岐路では必ず祖父に相談をした。明治生まれの祖父は、土建業を興し、公共事業を手掛けたという。東岡崎駅前の明大橋、六供浄水場などは今でもその姿を残している。

市立葵中学校では、迷うことなく野球部へ入部。ここで初めて球技としての野球に出合うこととなる。監督は山内一良先生、体育が専門だったが大学までは野球部で捕手をしていたという。授業が終わると生徒よりも早くグラウンドで待ち構える。1分でも1秒でも多く練習させたいそんな姿勢に、私たちは先生の厳しさを感じていた。私は1、2年の間は、投手をしていたが、3年生からは捕手に転向する。後に分かったことだが、中京商業高校（中京商　現中京大学附属中京高校）の深谷弘次監督とも親交のあった先生は、もし中京商へ進学したら投手よりも捕手の方がレギュラーを取りやすいとの感触を得ていたようだ。中学校での対抗試合ではこれという成績を残すことはできなかった。しかし、自分の中では徐々に野球で生きることへの夢が膨らんでいった3年間だった。祖父が柱に取り付けてくれた古タイヤを打つのが、いつしか毎日の日課となっていた。野球大好きの中学生ではあったが、学力もまあまあだったと思う。当時県内どこの中学校でも行われていた業者テストでは、毎回「特優」の評価をもらい、個別面談では「県内屈指の進学校岡崎高校でも大丈夫」と言われたと母しずゑから聞いた。中学3年の秋、担任の先生から進路を聞かれ、家族に相談する。家業を継がせたい両親は、内心で進学校への道を望んでいたと思う。しかし、祖父の気持ちを推し量ったのだろう。「自分の行きたい道を選んだら…」と言ってくれた。野球を選ぶか、勉学を選ぶか私にとっては人生で最初の分かれ道だったが、甲子園への夢を胸に、強豪中京商への進学を決意する。

（2）甲子園への夢

中京商深谷監督には、中学校の山内先生からそれなりの口添えはあったと思う。しかし、入学試験が免除されるわけではない。それどころか入試が大きな意味を持つことを、これまた後で知る。梅村清明学長が、入試結果を点検したうえで、野球部入部者のうち最も成績が上位の者を2年の夏の大会が終わった段階で、主将に指名するというのだ。もちろんその時までは誰がトップだったのかは分からない。

練習は「走れ走れ」の連続だった。「足を絡める野球」が伝統の中京商だけに、足の遅い者にレギュラーへの道はない。とにかく走り続けた。もっとも部員総数250人を超えるような大所帯では、キャッチボール以外はフィールドへは入りきれなかったのだろう。

猛練習に明け暮れる中、1961年（昭和36）中京商は春、夏と甲子園へ進出する。1年生で補欠の私に出る幕はなかったが、高校球児の憧れの舞台を踏んだことは、次年度への決意と共に東京六大学、そして、プロへのほのかな夢をも抱かせた。

高校3年、私は捕手・3番の定位置に座り、主将にも選ばれていた。そして進んだ春の選抜大会、準々決勝にまで進んだが東京日大三高に惜敗。この時の悔しさをばねに夏の県大会を勝ち抜き、再度甲子園へと進む。そして準決勝、迎えた相手は春の優勝校栃木県作新学院。エース八木沢荘六（後にロッテで活躍）を大黒柱に春夏連覇を狙う強豪校。しかし、私たち中京商にも連覇を含む数々の輝く伝統がある。撃破してやるとの強い思いが昂《たか》ぶる。そんな時、突然「エース八木沢が赤痢にかかり登板不能」との知らせが入る。一瞬驚きが走るが、すぐに「これで勝ちだ」との思いが強くなる。ところがこれが油断だった。作新学院2番手投手の加藤斌に抑えられてしまうのだ。こうして、私の高校野球は甲子園通算7勝4敗で幕を閉じる。ただ、甲子園で4度の敗戦を喫したが、一度も「土」を持ち帰ってはいない。これは中京商の伝統でもあった。

一方、運命のいたずらとでもいおうか、甲子園で一躍脚光を浴びた加藤は卒業とともに中日へ入団。横手から切れのある球を投げ活躍が期待されていた矢先、交通事故でわずか20歳の命を失ってしまうのだ。

今思っても、この高校3年間が、自分の人生のうち最も厳しい時期だった。毎日6時に起床し、7時にはバスで東岡崎へ、名鉄電車で金山へ、さらにバスを乗り継ぎ学校まで約1時間半。帰宅は午後10時。猛練習だけではない。今では想像もできないような先輩からのしごきも経験する。そして、何よりも厳しいのは、一度グラウンドに立てば周りはみな敵という現実だ。友達を押しのけてでもはい上が

県大会優勝旗を持ちパレード＝熱田球場で

らなければ使ってもらえない。精神的図太さがなければ生きていけない世界なのだ。入部当時は同期が１８０人いたが、２年になると50人に、そして３年では25人になってしまった。

（３）神宮球場への夢

高校の１年先輩に江藤省三さん（巨人、中日で活躍。現慶応大学監督）がいた。熊本が故郷の省三さんは、兄江藤慎一さんに呼ばれ、高校２年で中京商へ編入し、やがて慶応大学へ進む。その省三さんの勧めで、私は甲子園大会終了後、慶応大のセレクションに参加することとなる。１週間の練習の後、紅白試合が行われ、私はここで２本の本塁打を打った。正捕手大橋勲さんの巨人入りが決定し、後釜《あとがま》を探していた慶応大では、私に注目していたがセレクションでの２本塁打でその期待を確かなものにしたようだ。「ぜひ慶応大を受験してください」との言葉をもらい帰郷する。東京六大学でのプレーを夢見ながら…。入団を打診するプロ球団もあったが一度膨らませた慶応大への夢は大きく、それらの誘いをみな断り続けた。しかし、１９６３年（昭和38）３月11日、その夢はあえなく潰《つい》えてしまう。

翌12日の中日スポーツには「木俣（中商）プロ入りか」と大きな見出しで次のような記事が掲載されていた。

――慶応大学を志望していた高校球界ナンバーワン捕手、中京商の木俣達彦選手（一八）＝身長１メートル72、体重76キロは、十一日慶大入学受験に失敗。この動向とともにプロ球団のスカウト合戦はふたたび同選手獲得へスタートをきった。この日同選手は、岡崎駅着午後九時四十二分の準急〝東海七号〟で岡崎に帰ってきたが、駅頭でその心境については「いまはなにもいうことはありません。今後のことは両親、先生と相談して決めたい」と語り、父親一さん（五九）は岡崎市伊賀町の自宅で「あの子のことだから汽車の中でこれからのことを考えてきただろう。私は本人の意思を尊重したい」と語ったが、周囲の状況からみて、同選手のプロ入りは決定的といっていいだろう。その有力球団は中日、南海とみられる。――

新幹線のない時代、東京から岡崎までは五時間余り。様々な思いがとめどもなく交錯し、一緒に受験し一緒に落ちた同期の石黒遊撃手（現名古屋市で住職）との会話も互いに上の空だったと思う。同日の中日スポーツは続けてこう記載する。

――木俣選手の話　受験に失敗しがっかりしました。東京でいろんな友人からプロ入りするだろうと聞かれたが、今の私の気持ちは野球などやりたくない。もしプロへ入いるということになれば両親とゆっくり相談するつもりだが、できたら中京大へ進学したい。――

慶応大の試験は3月初めにあり、その1週間後の合格発表を自分の目で確かめようと上京した。夏の甲子園終了後から始めた受験勉強だったから、試験が終わった後も不安がよぎってはいたが、やはりだめだった。受験失敗は誰にでもあることだ。しかし、それが新聞で報道されてしまうとショックは2倍にも3倍にもなる。

結局、自分なりに決めたことは「野球では認められていたのに不合格。頭で負けたんだ。それなら野球で生きてやる」。そんな思いで中京大学への進学を決める。もちろん南海、中日などプロからの誘いはあった。プロへ行くのかそれとも大学か、私にとっては二つ目の分かれ道だった。だが、この段階では自分にはまだプロへの確固たる自信はなかった。

(4) プロ野球への自信

1963年(昭和38)春、中京大で、滝正男監督と出会う。この方も捕手出身であり、選手の自主性を大切にする監督だった。中学、高校とスパルタ的指導に慣らされていた私にとっては滝監督の姿がとても新鮮に映り、その後の自分の野球に対する姿勢に大きな影響を与えてくれた人となる。監督は、入部と同時に私を正捕手に抜擢する。その期待に応えようと私も、春のシリーズでは、打率2位、秋のシリーズでは愛知六大学史上初となる新人での首位打者を取る。しかし、その成績とは裏腹に私は自問し始める。「このままでは慢心し、自分がだめになってしまうのではないか」と。そして一方では「これならプロでも何とかやっていけるかもしれない」、そんな気持ちも強まっていた。私の思いを察するかのように、再び、南海、中日、阪急が入団を勧誘してくる。滝監督に思いを打ち明けると、監督は「よろしい。退部届を出しなさい」と私のプロ入りをあっさりと了承するのだ。

現役大学生との入団交渉が規制されていなかった時代、各球団は大学野球がシーズンオフになると同時に自由に交渉できた。私も、この年の秋、３球団から働きかけを受けることになる。契約金は南海が最も高い金額を提示してきた。また、大物監督鶴岡一人さんも直々に声を掛けてくれた。しかし、野村克也捕手の存在があまりにも大きく映る。結局、地元の中日へ入団することに決めた。大学を中退しての私のプロ入りそのものは何も問題はなかった。しかし、これを契機にアマチュア野球側がプロ野球協約の見直しを強硬に要求し、大学を中退しての入団は禁止され、４年間は在籍しなければならなくなる。

私は、ここでも人生の面白さを感じる。もし慶応大へ行っていたなら、1年での中退はなかっただろう。後の話になるが、私が入団した2年後、東都大学リーグで鳴らした駒澤大学の新宅洋志捕手が中日入りする。新宅さんより先に入団したからこそ、私がレギュラーになれたのだ。中退決意は、振り返ると三つ目の分かれ道でもあった。

中京大での思い出を一つ、１９６3年の秋、愛知六大学選抜チームが沖縄へ遠征した。私も一員に選ばれたが、当時、沖縄はまだアメリカ。パスポートをとり、鹿児島まで汽車、そこから船と今で思えば大変な旅だった。しかし、そんな思い出以上に大きなトラウマを背負ってしまう。沖縄ではノンプロ選抜チームと対戦したのだが、相手チームの投手が、安仁屋宗八さん。私たちは、完ぺきに抑えられてしまうのだ。後に広島の主力となった安仁屋さんと対戦する度に、その時のことが思い出され全く打てなかった。

2　中日入団を誘ってくれた杉浦清監督

1963年（昭和38）秋、私が大学受験を希望していたため、正式な交渉はなかったが、南海、中日、阪急などが熱心な働き掛けをしてきていた。しかし、受験失敗の報が流れると、いろいろな動きが具体化してくる。中日の杉浦清監督からも父親に「木俣君はぜひ中日にお願いしたい」と、熱心な電話が入っている。ところが私が中京大入学を表明したため、各球団の動きはストップした。

しかし、愛知六大学秋季リーグが終わると、また、中日からの働き掛けが始まる。

「木俣よ、おれが面倒みるから中日へ来い」

声を掛けてくれたのが中京商大先輩の杉浦監督だった。誘いに応じて1964年、私は中日へ入団する。球団から打診された背番号は『23』、前年度まで寺田陽介さんが付けていたものだ。私には番号への執着はなかった。もらう

入団時の写真。マッチ箱に印刷されていた

背番号をいかに輝かせるか、それだけだった。

杉浦監督は、高校野球の歴史に残る延長25回の熱闘を繰り広げた明石中戦、その時の中京商の遊撃手だった。甲子園での中京商3連覇に貢献するが、その後進んだ明治大学では、弁護士を目指し大学院へ残るという頭脳も優れた方だった。杉浦さんは、1946年中日に入団すると、いきなり選手兼監督と破格の扱いを受ける。当時のチーム名は「中部日本」だったが、翌年ニックネーム「ドラゴンズ」が誕生する。ドラゴンズとしては初代の監督とも言える。しかし、杉浦監督は1948年まで3年近く指揮を任せられるが、最下位の屈辱を2度も味わってしまう。その後再登板したのが1963年、柿本実さん、山中巽さん、江藤慎一さんなどが活躍し、全球団に勝ち越すものの結果は2位。そして翌年、杉浦監督としても新たな決意をもって臨んだものの開幕から3勝13敗でまさかの最下位。何とか選手を鼓舞しようと、手を後ろに組んで審判にくってかかるなど、いろいろ試みるものの局面は好転せず、結局6月6日に休養を発表する。

杉浦監督は信心深い方で、よく神社仏閣を訪れたという。開幕前、選手がユニホーム姿で優勝祈願のため熱田神宮を参拝するのが恒例になっていたが、杉浦監督はそれだけでは物足らず、全員を引き連れ豊川稲荷へも犬山の成田山へも参拝をしている。また、キャンプ地では朝食前に地元の神社巡りも欠かさなかった。チームを泥沼から脱出させようと、信心深さがさらに昂《こう》じたのだろう。なお、杉浦監督の後任には、西澤道夫さんが就いたが、前半戦のつけが大きく、この年も最下位に終わる。

教えられないことのありがたさ

1964年（昭和39）、中日へ入団した私の年俸は180万円、大学卒の年収が約30万円の時代だった。ちなみに私が付き人を務めた江藤慎一さんの年俸は1000万円と聞いた。

さて、初めて参加したキャンプ。バスに乗るなりプロの洗礼が待っていた。後から乗ってきた先輩にいきなりグラブで殴られ「てめえ、何考えとる」と怒鳴りつけられたのだ。最初は何が何だか分からなかったが、私がバスの前の方の座席に座ったのがいけなかったらしい。プロは実力の世界と安易に考えていたが、やはり先輩後輩の関係を大切にする集団であることを教えられた。今では、高校卒の新人には教育係が基本的なマナーを教えているが、私たちの新人時代は全て自分で感じ取るしかなかった。

キャンプ地和歌山県勝浦へ来てさらにびっくりした。練習場はグラウンドではなく、なんと製紙会社の資材置き場。狭いうえに整備もされていない。結局、十分な練習もできず公式戦を迎えるが、連敗が重なりこの年は最下位になってしまう。私は、56試合にマスクをかぶり、113打数24安打、打率2割1分2厘、9打点の成績だった。

大学中退で入団した私に、コーチたちも関心を持ったのか、いろんな指導をしてくれた。西沢道夫さんの言うことはいつも「打つ時はケツの穴を締めよ」のひと言だけ。肛門を締めることにより、内転筋が締まり、腰の回転が良くなる。また、重心も固定できる。そう気付くのは後になってからだが、指導者としては、ポイントをとらえた短い言葉での指導が大切だと今でも思う。

当時は川上哲治さんの「ダウンスイングが打撃の基本」という主張が主流を占めていた。コーチだった与那嶺要さんもダウンスイング論者だったが「ボールを引き付け、できるだけ体の近くで打つこと」を指導する。これに対し、同じダウンスイングの江藤慎一さん、ダウンスイングではなかったがコーチの田宮謙次郎さんは「できるだけ前で打て」と言う。一方、2軍監督杉山悟さんは「いつまでもホームランの夢を見るな」と言う。これも後で気付くのだが、やがては筋肉の力が衰えてくる、どこかでアベレージバッターに変わっていくことが必要ということなのだ。やや本筋を外れるが、この杉山さんは、ここぞと思うと一直線に突き進む方であり、私もマンツーマンで1時間指導を受けたが、それでは納得できなかったのか、2時間、3時間に及んだことが何度かある。いずれにしても一流打者であった人たちが、それぞれ思い思いのことを言うのだから、なるほどとは思いながらも全てを受け入れていたのでは身が持たない。様々な主張の中で、共通していることは何か考えることが必要だ。中日の歴史を振り返って見ても、指導を全て受け入れようとしたが故《ゆえ》に本来自分の持っていた良さを失い、去っていった選手が大勢いる。それとは反対に、自分にこだわり続けた者が大成している。自分自身に信念があれば、たとえ無駄のくり返しであろうとそれは実を結んでいく。むしろ「教えられないことのありがたみ」を感じなくてはだめだ。

3　永久欠番の西沢道夫監督

西沢道夫さんは、球団が創立された1936年（昭和11）、15歳で投手として入団する。長身から投げ込む速球で7シーズンを投げ抜き、通算60勝65敗の成績を残している。その中には、1942年、大洋戦で野口二郎さんを相手に延長28回を投げ抜くというとんでもない記録が含まれている。しかし、肩を痛めた西沢さんは投手をあきらめ、打者へと転向する。そして、1949年中日へ復帰し、3年後には首位打者、打点王の二冠に輝くなど打の柱として脚光を浴びるようになる。また、中日初優勝にも大きく貢献している。通算本塁打は212本。9本の満塁本塁打を放っているが、そのうち5本が1シーズンで記録されたものだ。「豪打　西沢」という形容詞がぴったりだ。1958年現役を引退するが、「背番号15」

は70年を超える中日の歴史の中で服部受弘さんの「10」とともに2つだけの永久欠番であり、西沢道夫さんの偉大さを示す勲章だ。引退後はコーチとして残り、杉下茂監督を支えることとなる。

１９６４年（昭和39）６月、杉浦清監督の後を受け代理監督に、そして翌年から３年間にわたり監督として指揮を執る。

一言でいえば、西沢監督は「優しい監督」だった。大打者であったのに決して威張らず、誰に対しても優しく接する態度は、選手時代、コーチ時代、そして、監督になっても全く変わらなかった。１９２０年前後に活躍した関取の出羽ヶ嶽文治郎に似ていたところから、周りは親しみを込めて〝ブンちゃん〟と呼んでいたが、まさに気は優しくて力持ちの監督だった。

西沢監督は選手を怒ることはなかった。「野球をやるのはぼくでなく選手だからね。気分よくやれる環境をいかに

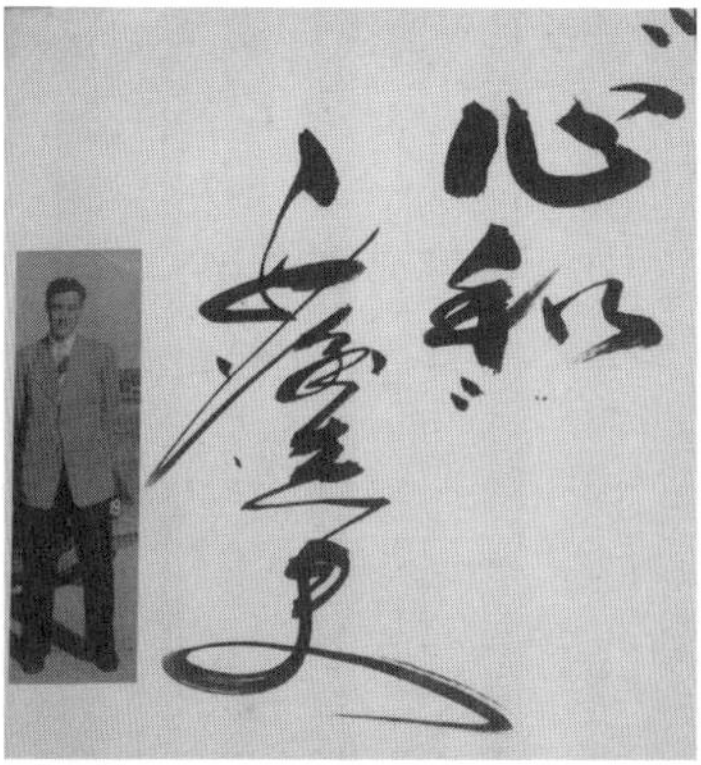

西沢さんの色紙

提供するかがぼくの仕事だ」（『ドラゴンズ60年を彩った男たち』塚田直和編　鹿友社）と、ワンマン経営者に仕えるサラリーマンが聞けば涙が出そうな言葉どおり、ほめて長所を伸ばす指導に徹した。それが奏功し、1965年から3年続けて2位を確保、優勝が見えてきたかに思えたその矢先、キャンプ直前になり「体力が続かない」との理由で辞任する。実は、西沢監督は優しさが故に、必要な注意、懲罰を課すことをためらい、そのため胃や腸に過剰なストレスを抱え込んでしまったのだ。

私は入団と同時に、神様のような存在の西沢さんと出会うことになる。大打者からどんな指導を受けるのか、期待と不安とが入り混じっていた。しかし、ご一緒させていただいた4年間で、指導されたことはただひと言。

「打つ時は、ケツの穴を締めろ」

これだけだった。

新人の頃、私は家賃1万5千8百円の公団住宅に住んでいた。大選手だった監督も私と同じ公団住宅に住んでいた。今で思えば謎である。

(1) マサカリ打法

2年目のキャンプ、松山市営球場は、昨年の和歌山とは打って変わって好設備だった。自分なりに手応えを感じ開幕を迎えようとしていた。その矢先、中日球場でのオープン戦最後の試合で、阪急の足立光宏さんから顔面へ死球を受けてしまう。そのまま入院し、1・5あった視力も0・2へと落ちてしまった。入院は2週間に及び「このまま野球ができなくなるのではないか」との不安に何度も襲われた。いつものように見舞いに来てくれた彼女（早川千鶴子さん）に、そんな思いを話すと、彼女は笑顔でひと言。

「いいじゃない。その時はその時で」

この言葉で私は結婚をはっきりと意識し、そして、「何としても野球をやるんだ」との決意を新たにした。それからはリハビリとランニングの毎日だったが、やがて1軍に合流。結局この年は、132試合に出場、419打数89安打、打率2割1分2厘、打点38、本塁打10本を記録した。「マサカリ打法」と言われ出したのはこの頃からだ。「マサカリ打法」の名付け親は、私の2年目の年にヘッドコーチに就任した坪内道則さんだ。童顔で丸っこい体の私がバットを構えると、ちょうどマサカリを担いだ足柄山の金太郎のように見えたそうだ。そこからこの名がついたとか。また、極端なダウンスイングを見て「まるで金太郎がマサカリで木を切っているようだ」と話したことから命名されたとも聞く。坪内さんは「木俣を育てろ」との西沢監督の命を受け私をマンツーマンでの指導に当たってくれた方でもある。

（2）警告の1球をくれた足立光宏さん

受けた死球が結婚への肩を押してくれたとするならば、足立さんにも感謝しなくてはならない。足立さんは、1959年（昭和34）から22年間阪急の主力投手として活躍する。ストレート中心のピッチングで1962年には1試合17三振を奪っている。その後シンカーを交えるピッチングへと変わっていくが、日本シリーズ通算9勝5敗と、大舞台での活躍が目立つ。私が死球を受けたのは足立さんがストレート中心に押してくる時期だった。

山田久志が言っていたが、ストレートに限界を感じ始めたので、シンカーの投げ方を教えてもらおうとしたら「覚えなくていい」と一蹴《いっしゅう》されたそうだ。数年後やっと教えてくれたが、握り方は見せてくれたものの「投げ方は人それぞれで違う。自分で考えろ」と突き放されたという。この話を聞いた時、私は「いつまでもホームランの夢を見るな」と言った杉山さんを思い出した。そして、この時の死球は、今思えば順調にキャンプを送り、やや慢心していた私への警告の1球であったようにも思う。

（3）「お前は盗塁だけはやられるな」柿本実さん

死球を受けた選手も与えた投手も、その1球が様々に運命を変えていく。

1965年（昭和40）4月12日、巨人戦8回。2ボールからの3球目、柿本実さんが投げた球が長嶋茂雄さんの頭をかすめる。長嶋茂雄さんはかろうじてよけ、3ボール1ストライクからの5球目、柿本さんの右太ももを直撃する内野安打で出塁。その後、森昌彦（祇晶）さんへの投球も頭付近へ行く。三塁まで進んでいだ長嶋さんが「いい加減にしろ」と怒鳴ると同時に、巨人ベンチから金田正一さんが真っ先に飛び出し乱闘事件に発展する。私もこの乱闘に参加（?）したが、こういう場面、捕手は有利だ。マスクを付けプロテクターをしているから、相手のパンチは怖くない。結局、金田さんらが退場処分になる。柿本さんはそのまま投げ続け完投勝利をあげるが、試合後、「天下の長嶋にぶつけようとするとは何事か」との抗議電話が殺到。その後、柿本さんはシュートが甘くなり、翌年阪急へ移籍する。この柿本さんは、私の入団前年には21勝13敗、入団した年には15勝19敗と、主力投手陣の一角を占め登板数も多かった。うれしかったのは柿本さんが先発の時には、新人の私を「捕手は木俣」と監督に進言してくれたことだ。そして「お前は大物になる。肩の強いのがいい。でも今は、投げる球はおれが決める。お前は盗塁だけはやられるな」と声を掛けてくれた。

柿本さんは南海に入団したが芽が出ず、中日移籍後、サイドスローに変えることにより開花。強気のピッチングと共に、阪神戦では1球ごとに左右に打席を変えるなど突飛な行動も多く人気を集めていた。そして、私を育ててくれた恩人でもある。

(4)「ボールに当たってもいい。逃げてはだめ」江藤慎一さん

江藤慎一さんは、1964年（昭和39）、1965年と2年続けて首位打者になっている。ちょうどこの時入団した私は、江藤さんの世話をする付き人を命じられていた。付き人といっても用具を運ぶ、頼まれたものを用意するなど、他の付き人と比べれば楽だった。このあた

りにも江藤さんの人間性が感じられる。今ではほとんど聞かなくなった言葉だが〝九州男児〟そのものの豪放磊落《らいらく》、男気溢《あふ》れる方だった。

シーズン終盤は王貞治さんとの激しい首位打者争いだったが、毎晩1升酒を飲まないと寝ないのだ。「少しアルコールが入っていた方がいい働きができる」と公言する江藤さんの、大事な局面を迎えても普段と何ら変わらぬ酒豪ぶりに新人の私は、別世界の人間を見るような思いだった。もっとも、後で知ったことだが、この時期、首位打者を争っていた王さんも、毎晩ウイスキー1本を空けていたというから、江藤さんもいつもとは違う思いで酒を飲んでいたのは確かだろう。大相撲史上最高の対戦、全勝横綱同士がぶつかる千秋楽前夜、若乃花が気分転換にと映画を見に出かけたら、そこには、明日の相手栃錦がいたという。極限の勝負に臨む者同士、期せずして同じような行動をとるのだろうか。シーズン終盤、江藤さんは王さんと激烈な首位打者争いを演じていたが、3割3分3厘3毛の江藤さんが、5厘8毛差で逆転し栄冠を手にしている。私は付き人として、この頃の江藤さんの生活の一部始終を見ていたが「なあ木俣、必死にやれば神様が助けてくれるんじゃ」と言った姿を今でも思い出す。

江藤さんは、1959年（昭和34）社会人野球の日鉄二瀬から捕手として入団する。捕手として入団はしたが、正捕手の吉沢岳男さんがいたし、六大学から片岡宏雄さんも同期生として加わっていた。江藤さんは「何としても野球で生きていく」ために、捕手のポジションではなく、大打者西沢道夫さんの抜けた一塁手のポジションに執念を燃やす。たまたま、天知俊一監督を引き継いだ杉下茂監督の若返り策への思いとも合致し、２年目からはレギュラーとして定着する。そして、杉下監督の後を受けた濃人渉監督の時、いったん捕手に戻るものの、その後外野手へと転向する。首位打者２回を含む江藤さんの中日時代11年間の成績は、１４１６試合、５０８６打数、１４８４安打、打率２割９分２厘、本塁打２６８本である。だが、江藤さんはこの数字以上に強烈な印象を残した。

　江藤さんの思いは、いつも、「巨人を倒す」ことだ。１９６３年８月25日、江藤さんの２本の本塁打で６対６のまま迎えた６回裏１死。折からの雨が強まり試合中断。ところが中断が告げられた後も、江藤さんは左翼守備位置からベンチに戻ろうとしないのだ。最後は西沢道夫コーチの説得に応じ引き上げるのだが、その間26分、江藤さんは、強い雨に打たれながらも試合続行への執念、打倒巨人への執念を滾《みなぎ》らせ、一人で守備位置に立ち続けていたのだ。

左から私、与那嶺打撃コーチ、西沢監督、近藤投手コーチ

そして、江藤さんの〝九州男児〟としての面目躍如たる場面は、大監督水原茂さんへの直言であろう。それがために中日を離れることになるのだから…。

ある試合で高木守道さんがサヨナラエラーをしてしまった。全員を前に、水原監督は高木さんを叱《しか》り飛ばしたのだ。誰もが名手と認め、信頼を寄せる高木さんへの侮辱と感じたナインの気持ちは収まらない。そんな雰囲気を代弁する形で、江藤さんは監督に抗議する。またある時は、試合前、前夜の門限破りを叱る監督に「これから戦おうとする時に、くどくど言われることは戦意に響く」と、これまた侠気《きょうき》を見せるのだ。一方、水原監督もメンツがある。結局、江藤さんは退団を余儀なくされる。しかし、そんな熱血漢江藤をファンは捨てておかなかった。猛烈な抗議行動がセ・リーグ会長の仲裁を呼び起こし、ロッテへの移籍で何とか収まるのだ。ロッテへ移籍後、パ・リーグでも首位打者を取り、江藤慎一の名前を球史に刻むこととなる。

「打つのは技術ではない。ハートで打つもの」。これが江藤さんの口癖だった。

試合が終わった後、江藤さんは、私に「バットを持ってこい」と言ったことは一度もない。そう、試合終了後の練習は一切しないのだ。たとえその試合で打てなかったとしても、それはそれで終わり。それだけ、江藤さんは自分のバッティングに自信を持っていたのだろう。そして、同時に「ボールに当たってもいい。逃げてはだめ」と、強い闘争心をむき出しにするのだ。

グラウンドでは、与那嶺コーチから「引き付けて打て」と指導される。ところが宿舎へ帰ると、江藤さんから「できるだけ前で打て」と指導された私の新人時代。この両極端の理論が、私自身の打撃論づくりへの道を開いてくれたこと、併せて、闘争心を植え付けてくれたのは江藤さんであったことは間違いない。

そしてもう一つ。酒豪の江藤さんだったが、飲むのはいつも燗《かん》をつけた日本酒、つまみは鍋物に決まっていた。温かいものが体にいいという江藤さんなりの哲学を貫き通していたのだ。

（5）日本初の野球留学

今では選手を野球留学させたり、現地のリーグ戦に参加させたりすることは日常的に行われているが、当時としては考えられなかったことだ。そんな中で1965年（昭和40）のシーズン終了後、私は与那嶺要コーチに連れられ、高木守道さん、山中巽さんと共にアメリカ教育リーグへと旅立った。与那嶺さんの「本場体験をさせたい」との発案であったと聞くが、日本では最初の試みだった。フロリダでセネタースのメジャーの卵たちに交じり練習や試合に参加した。3週間の滞在だったが、高木守道さんは「高木の守備は、メジャーでもすぐ通用する。残らないか」と声を掛けられ、私も「木俣の肩はものになる。メジャーを目指さないか」と言われた。なお、この時初めて知った「アイシング」はその後の捕手生命を維持する大きな力となる。

（6）ドラフト制度

私が入団した翌年からドラフト制度がスタートした。狙いは選手の獲得競争が過熱し契約金が暴騰するのを防ぐためと、チーム力の均等化だった。いわゆるドラフト1期生にはその後活躍する選手が多い。巨人の堀内恒夫、近鉄の鈴木啓示、阪神の藤田平、東京オリオンズ（現ロッテ）の木樽正明、阪急（現オリックス）の長池徳二さん、中日の広野功さんらだ。なお、この年中日は後に大洋で活躍した平松政次を指名しているが入団を拒否されている。これらの選手の中で私が最も印象深いのは、堀内だ。きれいな投球フォームで球が速く、しかもカーブが鋭かった。ただコントロールはよくなくてどこへ来るのかわからない。巨人が早くから獲得に乗り出し、堀内も巨人以外の指名なら大学進学をほのめかしていた。入団した年、巨人投手陣が壊滅状態であったこともあり、堀内の登板機会は増え結果的には、初先発以来13連勝の記録を含む16勝2敗の成績を上げている。向こう気が強く、投手になるために生まれてきたような性格だった。堀内自身も面白いことを言っている。「プロなんてこんなものか。長嶋だ、王だと騒ぐが、自分は長嶋と王を引き連れて投げていると舞い上がっていた」と。こんな堀内でもさすがに初先発の前夜は動揺したという。そんな思いを恩師である甲府商業の菅沼八十八郎監督に打ち明けると、菅沼さんは「初球はバックネット目がけて投げろ」とアドバイスする。「プロがそんなことできますか」と言ったものの、マウンドに立つと捕手の姿さえ見えないほどの緊張だ。そこで菅沼さんの言うとおりバックネット目がけて投げつけた。その直後から捕手森昌彦さんのサインが見えだしたという。

私は、堀内のカーブに翻弄《ほんろう》された。どの投手でも打席で構えた時、自分の目線よりも上から飛んでくる球は100%ボールだった。しかし、堀内は違うのだ。ボールと判断すると大きく落ちてストライクになってしまう。金田さんのカーブは「天井から落ちてくる」と表現されたが、堀内もまさに同じだった。しかも堀内のカーブはホームベース前で一度上へあがってから落ちてくるのだ。

中日は堀内にはやられっぱなしだったが、1966年（昭和41）年8月2日の巨人戦でやっとうっぷんを晴らすこととなる。9回表まで3対5でリードされていたが、その裏2死ながらチャンスが巡ってきた。マウンドには先発の堀内、そして打席は同じドラフト1期生の広野さん。1球目の直球を広野さんはファールする。2球目はカーブが外れカウント1―1。堀内は球審からもらったボールが歪《ひず》んで見えたという。そこでボール交換を要求する。ところがもらったボールがまた歪んで見える。また交換を要求する。それでも歪んで見える。しかしそれ以上の交換要求は気が引けた。カウントが不利になることを恐れたバッテリーは直球を選ぶ。それを読んでいた広野さんは逆転サヨナラ満塁本塁打を放ち劇的な幕切れを迎える。しかし、ボールの歪みを気にした堀内の感性も大したものだ。

（7）「うちの旦那を殺す気？」

1966年（昭和41）、私は126試合に出場、387打数96安打、打率2割4分8厘、打点41、本塁打9本の成績を残す。プロ野球で生きていけることを確信した私は、結婚の承諾を得ようと祖父のもとへ行く。明治生まれで軍隊生活も経験している祖父だけに「まだ早い」と一蹴《いっしゅう》される不安を抱きつつ…。

しかし、祖父は「すぐ結婚しなさい」と言う。実は彼女は、祖父の軍隊時代の上官の孫だったのだ。

結婚前の7月2日、後楽園球場での対巨人戦。1・5ゲーム差で首位巨人を追っていた前半戦の天王山初戦、2―2の同点で迎えた7回裏。三塁打で出た黒江透修さんが、次打者とのスクイズで本塁へと突っ込んでくるが、当たりが強かったため完全にアウトのタイミング。ところが、三塁走者の黒江さんは、ホームベース5メートルも前から、猛然と私に体当たりしてきたのだ。黒江さんの肘《ひじ》をまともに

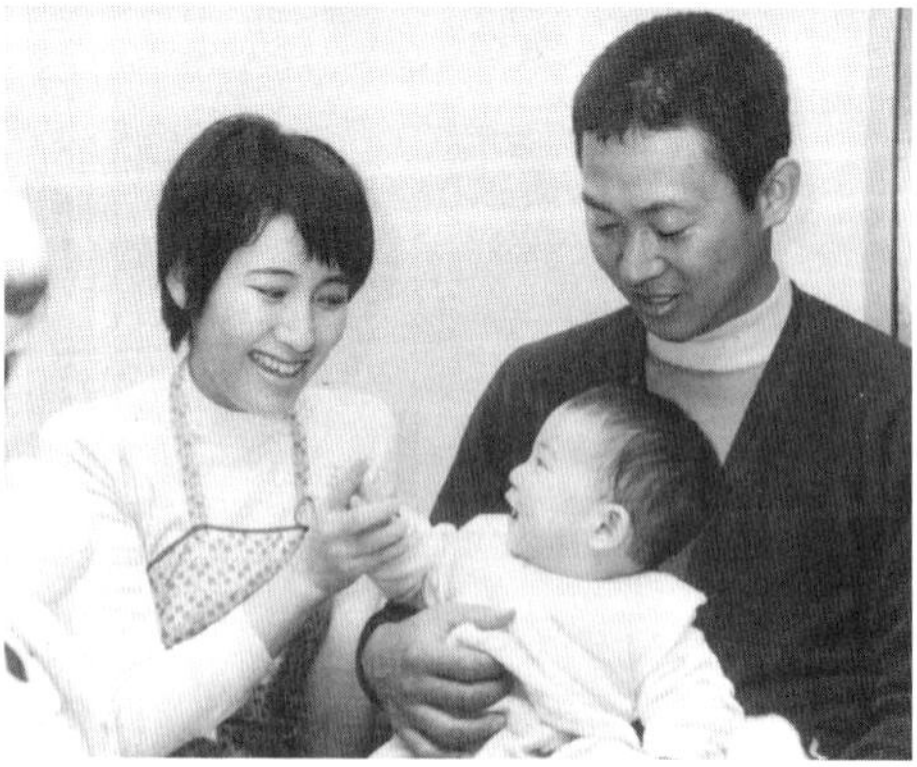

24歳のころ。妻千鶴子と長男直毅

顎《あご》に受けた私は、脳しんとうを起こしボールを落としてしまう。黒江さんも倒れ込んでしまったようだが、何とかベースにタッチし3対2。このプレーをめぐり両軍選手がもみ合う事態になる。

ただエキサイトする中日の中で与那嶺コーチだけは平然とベンチに座ったままだったという。当然のプレーと見たのだろう。結局守備妨害ではないかと12分間にわたる中日側の抗議も認められず、不穏な空気の中で試合続行。5対4で敗戦、巨人独走への弾みをつける試合となってしまう。

この試合まで黒江さんは目立った活躍はほとんどなく、本人もこのままではクビを覚悟しなくてはいけない状況だったという。それだけにまさに選手生命を賭けての私への突撃だったのだ。私が脳しんとうを起こしたおかげで（?）黒江さんは、川上監督から「巨人に欲しいファイトを持った選手」と認められ、これ以後遊撃手としてのレギュラーの座を不動のものとする。そして、〝突貫小僧〟のニックネームそのままに闘志溢《あふ》れるプレーで人気者となっていく。

この時代、バッティングセンターがあちこちでオープンした。先輩小川健太郎さんが所属していた社会人チームに関係するセンターの開所式に、私も女房同伴で招待された。行ってみると、何と黒江さんもいるではないか。小川さんと黒江さんは社会人チームの仲間だったのだ。形式的なあいさつの後、「黒江さん、うちの旦那を殺す気?」と、やんわり抗議する女房に、黒江さんは直立不動で言った。

「すみませんでした」

そして、深々と頭を下げていた。

後日、黒江さんは中日スポーツ紙上で述懐している。

「でも、その年のオフ・シーズンに、木俣の奥さんにも陳謝しました。あの体当たりについては、しばらく心が痛んでいましたから」

この一件に象徴されるように、結局この年は84試合の出場219打数49安打、打率2割3分8厘、32打点で、つかみかけたレギュラーの座もぽろりとこぼれ、ベストオーダーでは捕手の座を新宅さんに奪われてしまう。ただ、本塁打15本の数字は、次のシーズンでの巻き返しへの自信となったのは確かだ。


シーズンオフの思い出を一つ。10月27日、親善試合のため、東映（現日本ハム）と一緒に韓国へ渡る。当時の韓国は厳しい軍政下にあり、午後11時から翌朝5時までは外出禁止令が敷かれていた。11時近くになるとジープが走り回り、威嚇《いかく》するような声がスピーカーから鳴り響く。こんな状況下で野球ができるのかと思わせる異様さだった。3泊4日の日程の中で、韓国代表チームとの交流戦を行ったが、東映の張本勲さん、白仁天さんへの凄《すさ》まじい声援がしばらく耳について離れなかった。その後、宣銅烈ら有力選手が何人も来日しているが、この年の訪韓が大きな礎となっていることは確かだ。

(8) 水平打法の張本勲さん

戦前、母が韓国より来日、広島で張本勲さんを生んだ。張本さんは手の火傷や被爆など多くの苦労の中からプロ野球選手として台頭し、東映、巨人で通算23年間活躍する。「安打製造機」「広角打法」で知られ、右へ左へと自在にボールを打ち分け、通算3085安打の日本記録を達成している。この記録を破った選手はイチローしかいないが、イチローの場合は日米にまたがっての記録であり、単純に比較することは難しい。張本さんは足も速く、秋山幸二と共に通算400本塁打以上かつ通算300盗塁以上を記録している。

張本さんと中日との関係は深く、江藤慎一さんが水原茂監督との確執から退団騒動へと発展した時には、野球をやめないように江藤さんを一生懸命説得していた。また、1992年(平成4)、中日で臨時コーチを務め、大豊泰昭らの指導に当たった。当時の大豊は非常に頑《かたく》なであり、尊敬する王貞治さんの理論しか受け入れない状況だった。一本足打法を認める張本さんの指導を受け、大豊がその才能を大きく開花していく。大豊については次章で補足したい。

打つ瞬間は、ボールとバットが水平でなくてはならない。ダウンスイング主流の中で、張本さんは、始動からバットを捕手方向に寝かすいわゆる「水平打法」で安打を量産した。

私は、王貞治さん、張本勲さん、イチローの3人の打撃フォームを「3大変形打法」だと思っている。3人の打ち方を真似《まね》て大成する選手はまず出ないだろう。彼らしかできない打ち方なのだ。

4 急造内閣で苦労した杉下茂監督

終戦後、ノンプロ・いすゞの一塁手だった杉下茂さんは、後に中日初優勝の監督となる天知俊一さんの目に留まる。そして、天知さんの勧めで明治大学へと進み、日本人として初めてフォークボールを投げる投手が誕生する。

では、日本へ最初にフォークボールが伝えられたのはいつだったのか。それは、杉下さんがこのボールの存在を知らされる26年前、当時明治大の捕手だった天知さんが、来日した大リーグ選抜軍エースのハーブ・ペノック氏から直接教えてもらった時にさかのぼるという。天知さんが教えてもらったのは、「人差し指と中指で、ボールのすべすべしたところを挟み、するっと抜くように投げる。手首から中指の先端まで22センチ以上は必要だから、身長180センチ以上でないと投げられない」というものだった。長身でしかも手の平の大きな杉下さんを見た天知さんは、心に温めていたフォークボールをこの男に委ねようと考えた。人差し指と中指に挟んで投げる球があることを教えられた杉下さんは、握りの位置、抜き方など工夫しつつリーグ戦を迎える。しかし、公式戦ではたったの1球しか投げなかった。対立教大戦で投げたフォークボールは、20センチほど落ちた。ところが当たり損ねの三塁内野安打となってしまう。「縁起が悪いボール」と感じたバッテリーは二度とこのボールを使おうとはしなかった。

2006年、中日新聞社が「ドラゴンズ70周年特集」を企画し、「竜戦士の名人芸」を中日スポーツで連載した。その中で私は、杉下さんと対談し、フォークボールにまつわる興味深い話を聞くことができた。そこから引用させていただく。

木俣　では早速ですが、杉下さんといえばフォーク。その誕生秘話をお聞かせください。

杉下　いきなりフォークの話になったね。それなら最初に言って強調しておきたい。私はフォークという球、実は嫌いなんだよ。

木俣　えっ、なぜなんですか？

杉下　フォークを投げれば、まず打者は空振りする。それでは1アウトをとるのに、3球も投げなきゃいけないからだよ。これでは完投するのに余分な球が多くなりすぎる。

木俣　確かに。

杉下　それにフォークは曲がりながら、揺れながら落ちる、まか不思議な球。打者は当てられないし、キャッチャーも簡単に捕れない。だいたいピッチャーがコントロールできないんだからね。そんな球に頼るピッチャーにはなりたくなかった。私は大学でピッチャーになった時から、ピッチャーの身上は、針の穴を通すコントロールだと教えられてきたからね。そしてプロになったら（巨人の4番打者の）川上（哲治）さんをインハイの速球で打ちとることを目標にしていたから。

木俣　それではフォークを1球も投げない試合もあったんですか？

杉下　結構あったよ。投げても8、9回の終盤、ランナーが2人ぐらい出て1点を守る時だけだった。広島戦なんか、1球もない。大洋（現横浜）も同じかな。ま、巨人戦、それもクリーンアップだけだったから、川上

中日スポーツの取材で杉下さん宅（東京）を訪問

さん専用球みたいなものだったね。

驚いたのは「フォークと言えば杉下、杉下といえばフォーク」と伝説的に語られるが、実際には限られた場面でしかも数球しか投げていなかったことだ。では、どうして〝伝説〟ができたのか。それは、1954年（昭和29）日本シリーズ第7戦にあった。1、2、4、5戦と投げ続けた杉下さんは、疲労困憊《こんぱい》の状態にもかかわらず志願して第7戦に先発する。しかし握力がなくなっており最初に投げたカーブがすっぽ抜けてしまう。仕方なくカーブの代わりにフォークを使い90球近くの投球数のうち半分近くをフォークでしのいだというのだ。当時のエースは連投が当たり前だった。三振を取るのに球数を要するフォークは「あくまでも相手を幻惑する球」であり、コントロールが第一と言い切る杉下さんには、投手としての王道を歩こうとした男のプライドを感じる。

選手としては一世を風靡《ふうび》した杉下さんだが、監督としては実績を残すことができなかった。1959年、恩師天知さんをヘッドコーチに迎え、監督に就任したが思うような成績が残せず2年で解任されてしまう。また1968年再び監督に就くが、8連勝のあとの9連敗、巨人戦11連敗などで、6月の終わりには、本多逸郎さんに代理監督を任せるという惨《みじ》めな結果に終わっている。もっとも、開幕からチームが低迷したのは杉下監督の責任とは言い切れない。前任者の西沢道夫さんがキャンプイン直前に辞任したため、全くの〝急造内閣〟だったからだ。

杉下さんについてもう一つ、ぜひ記しておきたいことがある。1951年（昭和26）、大リーグ選抜チームが来日した。日本選抜チームと対戦したが日本は11連敗。「手も足も出なかった。せめて大リーガーの打ち方くらいは研究しよう…」、そんな思いだったそうだが、12戦目、杉下さんが登板し、何と8回まで抑えきり1対0。さすがの大リーガーたちも青ざめてきたという。打席にはディマジオ。杉下さんは「ものすごい形相だった。迫力のすごさ、本気のすごさについひるんでしまった」と言う。結果は本塁打を浴び、2対1で日本は敗れる。この後、杉下さんは大リーグへ勧誘された。生活への不安等から杉下さんは断ったというが、おそらく外国からスカウトされた選手は杉下さんが第1号だろう。

杉下さんのサインボール

２０１０年（平成22）、杉下さんは『伝える　私が見てきた野球80年』（中日新聞社）を出版した。教えられる事実が数多く記載されている。野口明さん（中日で捕手、監督を務める）を紹介する中で、「ピッチングが捕手で変わるようでは一人前とはいえないよ。自分で考えて、自分のピッチングをつくりなさい」「捕手は壁だぞ」という件《くだり》は大きな示唆を与えられる。また、「ゴルフスイング」とも呼ばれる〝新田理論〟を肯定的に書かれていることに私は満足している。新田さんの勧めた打撃フォームを、私も打撃コーチ時代にとりいれたからだ。ゴルフボールを置きそれを打たせたのだ。もっともこの時は批判の方が多かったように思うが…。

5　私のスカウトだった本多逸郎代理監督

１９４９年（昭和24）、球団が初めて行った新人募集テストで、応募者80人の中からただ1人選ばれ入団したのが本多逸郎さんだ。選にもれた中には、山内一弘さん、長谷川良平さんがいたことを思うと、俊足が飛び抜けて目立ったのだろう。投手として入団したが外野手に転向し、中堅手、1番打者として初優勝にも大きく貢献する。その後、コーチ、2軍監督、スカウトなどを経験し、杉下茂監督の後を受けて代理監督に就任する。面倒見のいい人情家で後輩からの人望も厚かった。また、スカウト時代には、全く無名だった大分中津高の投手・大島康徳を打者として入団させたように、素質を見抜く鋭い眼力も見せている。

私も、スカウト時代の本多さんから直接入団交渉を受け、中京大を中退することになる。そして、本多さん立ち会いのもとで入団発表をした。ところが初めて参加した勝浦キャンプで私は「こんなことがあるのか」と思うような光景を見る。何とスカウトだと思っていた本多さんが、ユニホームを着て打撃練習をしているのだ。事情を聞くと「左の代打陣が手薄なので、今シーズンは選手をやる」とのこと。懐かしき良き時代だった。

本多さんは〝球界の長谷川一夫〟と言われたほどの美男子で、女性にモテたことは誰もが認めている。愛称〝パラちゃん〟と呼ばれたが、人がよく陽気で、絶えず女性に取り囲まれている、まさに天国にいるような状況をもじって

ホームランを放つ。30歳ごろ

付けられたという。さて、そのモテようは…、想像にお任せする。

１９６８年（昭和43）は、チームにとっては激動の年だった。1年間で監督が3度も変わったのだ。キャンプイン直前、西沢道夫監督が体調不良で辞任。就任した杉下茂監督も成績不振で6月末退任。本多逸郎代理監督も、オフにはその役割を終え、水原茂監督が就任する。ただ、この監督交代劇は私にとって幸運であったことは確かだ。この年、１１８試合に出場し、３７７打数１０９安打、打率2割8分9厘、59打点、21本塁打の数字を、新しく就任した水原監督が大きく評価してくれる。それは、私が入団6年目で不動の正捕手として定着する年ともなるのだ。

〈表—1〉木俣達彦の通算打撃成績

年度	試合数	打数	安打	本塁打	打点	長打率	打率	順位
1964	56	113	24	0	9	.265	.212	-
1965	132	419	89	10	38	.310	.212	25
1966	126	387	96	9	41	.372	.248	20
1967	84	219	49	15	32	.489	.224	-
1968	118	377	109	21	59	.501	.289	10
1969	120	384	103	33	60	.578	.268	14
1970	128	466	132	30	65	.515	.283	4
1971	126	422	118	27	71	.517	.280	6
1972	125	448	120	21	48	.444	.268	20
1973	117	363	91	9	32	.366	.251	20
1974	123	438	141	18	50	.507	.322	2
1975	119	387	108	3	43	.346	.279	16
1976	121	397	120	14	40	.463	.302	11
1977	123	384	119	13	51	.453	.310	13
1978	117	385	113	16	55	.455	.294	17
1979	126	459	143	17	72	.458	.312	5
1980	125	429	128	18	67	.455	.298	10
1981	108	232	64	10	36	.448	.276	-
1982	48	53	9	1	3	.226	.170	-
通算	2142	6762	1876	285	872	.447	.277	-

〈表―1〉をご覧いただきたい。入団4年目に出場試合数が大きく落ち込んでいるが、翌年からは盛り返し、以後14年間にわたり正捕手の座を守り通していることが分かる。一方、本塁打の記録を見ると、1973年に激減し、それ以後20本台を打つことはなかった。反対に、1974年以降、高打率を残している。つまり1973年を転機として、長距離バッターからアベレージバッターへと変身していくのだ。それは、とりもなおさず打撃フォームの大改造があったことを意味する。

6　正捕手へと育ててくれた水原茂監督

水原茂監督と私との間には、投手の調子を告げる「グー」「パー」の秘密のサインがあった。これにより監督は投手交代を告げることが多かった（後述）。このほかに、監督との間にはもう一つのサインがあった。走者一塁の場面、普通なら三塁コーチボックスの水原監督から、送りバント、ヒットエンドランなどのサインが出される。しかし、私が打席に入ると監督は手を叩《たた》くのだ。「木俣、お前の好きなようにせよ」と。サインを受けた私は、相手投手の球種、球筋などを読み、自分が打とうとする時「走ってくれ」とランナーに合図するのだ。水原監督といえば、テレビ映りにはもってこいのブロックサインを採り入れた最初の監督だけに、相手チームもまさかこんな形で作戦が伝えられていくとは夢にも思わなかったに違いない。かなりの確率でヒットエンドランを成功させたと思う。現在では、三塁コーチボックスに立つ監督はいないが、当時はこれが普通だった。攻撃の様々な作戦が速やかに伝わることは確かだ。

水原監督が私を信頼していてくれたことは間違いない。名将イコール孤高のイメージは水原監督にも当てはまる。そんな監督が、ある日私に「食事に行かないか」と声を掛けてくれた。監督在籍3年間のうち、水原監督から食事に誘われたのは私以外に後にも先にもいない。知り合いのすし屋に案内したものの、監督がウイスキーしか飲まないことに気付き、慌てて店員を買いに走らせたことを思い出す。そして、常々「現場監督の見る目が一番正しい」と私を鼓舞してくれていた。監督の信頼が、私を正捕手へと育ててあげてくれたと言ってもいい。

水原監督は、これぞと思う選手は徹底的に使い続ける信念の人だった。巨人では26打席ノーヒットの王を使い続けた話は有名だが、中日では島谷金二がそうだった。同郷の高松出身ということもあったが、三塁手不在の状況を解消しようとまじめで体力もある島谷に目をつけたのだ。しごきにも似た猛練習が繰り返されたが、島谷はよく耐えた。しかし、先発で使ってみると3打数3三振。4打席目、交代させて当然の場面だがそのまま打席へ向かわせる。

するといきなり本塁打。これ以後、不動の三塁手へと成長していく。

星野仙一に対してもそうだった。水原監督が、星野の入団と同時に「これをエースに育てよ」と私に指示したのだ。1969年（昭和44）、福井での対広島戦、先発伊藤久敏が好投し4回まで中日がリードしていた。ところが5回になると水原監督は、投手を星野へと代えてしまうのだ。こうして星野はプロ初勝利をあげ、エースへの階段を上り始める。


名監督として三原脩さん、鶴岡一人さんと並び称される水原さんだったが、中日監督に就任した年は4位、2年目5位と、期待とは裏腹にチームは低迷する。そして3年目、6月ごろから猫の目のように変わる打順に、周囲も驚きの声をあげ、やがて奇異の目へと変わる。3番谷沢健一が次の日は下位に下がり、1番高木守道が6番になったりする。疑問を感じつつも当時は、水原監督独特の攪乱《かくらん》戦法と理解するしかなかった。しかし、ある日の試合前のことだ。ドラ番記者が、落ちていた水原監督のメモを拾い、見てびっくりした。某占い師の印の入った紙に打順が書いてあるではないか。低迷に悩んだ名将が最後に頼ったのが「易」だった。易によりその日の選手の調子を占い、打順を決めていたのだ。私もこの時期、2番から8番までの打順を経験した。

この年1971年は2位となりAクラスに復帰はしたものの、水原監督は胴上げされることのないまま与那嶺要監督へとバトンタッチされていく。名将と称えられた水原監督ではあるが、選手からの受けは必ずしも良くはなかった。それは、昔気質の職人的な雰囲気を持ち、時には問答無用とばかりに選手たちを切り捨てるかのような言動が多かったからだ。主砲江藤慎一さんをロッテに放出したのはその一例だ。しかし、振り返ってみれば「黒い霧事件」の渦中であり、就任2年目にはエースであった小川健太郎さんが処分されるなど水原監督にとっては不運な年周りだったのかもしれない。

(1) 2人の走者が同時に本塁突入

1969年(昭和44)6月10日、ナゴヤ球場での対アトムズ(現ヤクルト)戦1回表1死、走者一、二塁。次打者は中堅奥へ大飛球を打ち上げる。二塁走者は、中利夫さんが捕球すると思い打球を見守る。ところが一塁走者は「抜けた」と判断し全力疾走。直後中さんが捕球できなかったことを知った二塁走者も全力疾走を始めるが、まさに2人が並走するような形で本塁へ突入してくる。この時の様子

28歳ごろ。キャッチャーフライを捕る瞬間。左は堂上(父)

をスポーツライター近藤唯之氏は『プロ野球ジーンとくる話』（ネスコ　1988）の中で描写しているので借用する。

――中は一枝修平遊撃手に送球、一枝が木俣に多少、高めのボールを送球してきた。先に走る大塚は体を三塁側ダグアウト寄りに倒し、左足で本塁をタッチにきた。しかし木俣のタッチが一瞬早く、主審竹元勝雄の判定はアウトである。だが、竹元がまだアウトの声を出さないうち、後ろの武上は一塁寄りに回り込むように倒れ、右手で本塁の表面をなでた。大塚と武上の〝時間差突入〟は0秒1か0秒2ぐらいだった。竹元は一呼吸で「アウト。セーフ」と2つの判定とゼスチャーをやってのけた。「2人がほとんど同時にくるのはわかっていたんですが、私としては先の走者にタッチしないわけにはいかない。実感としては平行に走ってきて、左右同時にぱっと別れてスライディングされたという、いっぱいくわされた気分ですね」（木俣達彦）

〝同時本塁突入事件〟をきっかけに、この日から木俣は〝逆さ四つ足で毎日20メートル歩く練習を始めた。顔、腹を上に、背中を下にし、これで四つ足で歩くのだ。ふだん捕手の使わない筋肉を強め、またいつ起こるか分からない同時突入にそなえ、身体を柔軟にするのが狙いだった。――

ここに出てくる〝逆さ四つ足歩き〟は、この事件（?）以前から腰のストレッチとして私がやっていたものだ。それをここにうまく位置付けてくれたのは、近藤さん特有の面白さだと思っている。

（2）全ては捕手の責任です

1969年　巨人戦

8月30日（土）後楽園球場　観衆40、000人

中日	0	2	2	0	0	0	0	0	0	0	0	0	4
巨人	0	0	0	1	0	0	0	0	3	0	0	0	4

本塁打　千原3号（3回2点　山内）
王　31号（4回1点　星野仙）
長嶋22号（9回2点　星野仙）

私が入団した1964年（昭和39）は、杉浦清監督が指揮をとっていた。前年濃人渉監督の途中解雇を受け、15年ぶりに復帰した方だった。濃人監督が、九州の社会人野球チーム日鉄二瀬の監督を務めたこともあり、九州人を多く集めた。そのため「九州ドラゴンズ」と揶《や》揄《ゆ》された後だけに、球団側も地元色を取り戻そうと躍起になっている時だった。杉浦監督を

復帰させたり、中京大1年の私を退学させてまで入団させたりしたのも、共に地元岡崎出身だったからだ。

意気揚々と参加したキャンプだったが、私を待っていたのは先輩からのしごきと嫌がらせの集中砲火だった。当時は有望新人が入ってくると皆で潰《つぶ》しにかかったのだ。とりわけ一つしかない捕手の座がかかっているだけに余計に執拗《しつよう》であったのだろう。それだけではない。「地元の木俣を使え」こんな指令も出されていたことがさらに拍車をかけていく。「打たれたのは木俣のせいだ。木俣じゃ投げられない」と言う投手も出る始末。

私は、プロとはそういうものだろうと覚悟はしていたし、どんなしごきや嫌がらせにも耐え抜くことがプロの宿命だとも考えていた。しかし、想像以上に苦しい新人時代だった。まさに「忍耐からのスタート」だったが、振り返ってみれば捕手もまた「忍耐のポジション」であったように思うのだ。

私を捕手として本格的に使ってくれたのは、水原茂監督だった。水原監督は「小気味いい継投」と評されるように、絶妙のタイミングで投手交代を告げていた。では、そのタイミングをどのようにしてつかんでいたのだろうか。それはいたって簡単、投手の球を受けている私の合図に頼っていたのだ。

水原監督と私の間には、コーチも知らない秘密のサインがあった。監督から投手の調子を尋ねるサインが送られる。それに応え、調子が落ちてきたときには、私がおしりの後ろで「グー」のサインを送る。「そろそろ交代ですよ」と。それを確認すると監督はすかさず投手を交代させる。この秘密のサインにより何度もピンチを未然に防いできた。しかし、もし投手たちがこのことを知ったら大きな反発を感じたに違いない。そんな秘密サインも終末を迎える時が来る。

1969年8月30日、後楽園球場での巨人戦。4対1で迎えた9回裏、1点を取られなお1死1塁と詰め寄られる。水原監督が投手の調子を聞いてくる。限界と感じた私は「グー」のサインで答える。いつもならここで交代を告げるはずだ。ところがどうしたことか、水原監督がベンチの前で私を手招きするのだ。走り寄った私に、水原監督は、

「どうだ、投手の調子は？」

「もういっぱいですね」

答えながらも首をかしげる。サインを送ったばかりなのに…。どうして…。

ヘッドコーチ、投手コーチも近寄ってくる。その時だ。

「代えるなら早う代えろや！」

マウンドにいたルーキー星野仙一がいきなり怒鳴ってきたのだ。

この日の星野は、王さんに一発を浴びるものの8回までわずか2安打、9回に2安打されたが水原監督としては、即座に交代とは言いにくい。ここは私を呼ぶことにより、木俣の意

見を聞いて交代という筋書きをつくったのだろう。

「どっちにするんや。早うせんかい！」

血気盛んな星野が、業を煮やしたのか、また怒鳴りながら駆け寄ってきた。

こんな星野の勢いに押され続投させた直後、長嶋さんの22号本塁打が飛び出し同点。結局延長12回引き分けに終わった。この年の8月、星野は2日に一度は救援で投げ、先発させれば8回まで2安打で抑える好投ぶり、さすがの百戦錬磨の大物監督も迷わされてしまったのだろう。

私を使い続けてくれた水原監督には今でも感謝している。しかし、この時の私の立場はどうなるのか。やはり捕手というポジションは、自分の責任以外のものも全て背負い込まなくてはならない役回りのようだ。なお、星野については第Ⅲ章で詳しく紹介する。

(3)〝黒い霧〟の余波

1970年（昭和45）5月6日、エース小川健太郎さん

25歳ごろ。ヒットを放った直後

が、レーサーと共謀して八百長を仕組んだ小型自動車競走法違反容疑で警視庁に逮捕される。この数年前よりプロ野球での八百長事件が取りざたされ中日でも田中勉さんが引退に追い込まれていた。背後にある暴力団との関わりが洗われる過程で小川さんの容疑も発覚するのだが、私もこの事件とは少し関わりを持つ。といっても事件そのものとは全く関係ないことだけは強調しておく。

東京遠征の時、私は小川さんといつも同じ部屋で宿泊した。たまたま私の頼むマッサージ師が、近くの大井オートトレース場での出走選手のマッサージもしていた。小川さんもその方のマッサージを受けるようになるが、ギャンブル好きの小川さんは、マッサージ中の会話から勝負に関わる情報が存在することを知り、出走選手とも接触するようになったようだ。当然のようにそこにも暴力団が関与していたのだ。ただ私にとってタイミングが悪かったのは、マッサージ師から岡崎出身の選手がいることを聞き、小川さんを誘ってその選手と面会をしたことだ。面会者名簿が捜査当局に押収され、私も小川さんと同じ疑いを掛けられたようだ。小川さんが逮捕されしばらくしてから、私は愛知県警捜査四課の方からこう告げられた。

「木俣さんもこの件に関わっているのではないかと思い、3カ月間尾行させてもらいました。その筋の方と接触しているのではないかと…。でもその事実はありませんでした」

何かと思い出の多い小川さんだったが、逮捕前日以降会うこともなく、そして、今はもう亡き人だ。

当時スキャンダルは新聞が最初に取り上げ、事件として発展していくケースが多かったが、その後週刊誌が火元となるケースが増えている。やがてはネットにその主役が移るのだろうか。

1971年は若手が台頭した年だった。投手では2年目の星野仙一、渋谷幸春、ルーキーの稲葉光雄らが活躍。打撃陣も2年目の谷沢健一、3年目の島谷金二が力を出し始め、3年目の大島康徳がデビュー戦でいきなりバックスクリーンへ特大本塁打を放ち、ファンに鮮烈な印象を残した。水原監督在任3年間は、私のマサカリ打法の全盛期とも重なり、長打率も最も高い数字が残っている。また、3年連続のベストナインに選ばれたのもお世話になった水原監督への餞《はなむけ》だったかもしれない。

7　自主性を大切にした与那嶺要監督

ハワイ生まれの日系人ウォレス・カナメ・ヨナミネ（与那嶺要）さんは、フットボールの選手から野球に転向、サンフランシスコシールズから巨人へ入団。7年連続打率3割を記録し、首位打者にも3度輝いている。猛スライディングは、本場アメリカ野球を体現したものとして強烈な印象を残した。1961年（昭和36）中日へ移籍したが、翌年現役を引退、そのままコーチとして残り、6年間在籍する。

私が入団した時には打撃コーチだったが、私の打ち方を了とせず、「ボールを引き付け、できるだけ体の近くで打つこと」を指導する。一方、付き人として仕えた江藤慎一さんには「ボールはできるだけ前で打て」と言われる。正直、迷ってしまった。しかし、結論は、自分の打法は自分で作り出すしかない、ということだった。期待されてプロの世界へ入ったものの、人の言うことに耳を貸しすぎ、結果的には自分を見失い芽の出ぬままこの世界を去っていく選手は数知れない。新人の私には正反対のように感じた2人の存在が、私の研究心を育ててくれたとしたならば感謝すべきことだ。

昭和49年の優勝祝賀会で与那嶺さん（左）にビールをかける

一時中日を離れていた与那嶺さんが、1972年、監督として復帰する。監督としても与那嶺さんは、まさに野球一筋、実に真面目な方だった。しかし、選手に対しては練習を強要するようなことはしない。練習はしたければやれ、全てはグラウンドが勝負とアメリカ流の割り切り方だった。でも、練習に現れる選手にはたとえ休みの日でも最後まで付きあった。もちろん選手の私生活には一切干渉しない。こんな与那嶺監督を選手たちは好意的に迎え、チームのムードも良い方へと向かう。周囲もいつしか「監督」といわずに「ウォーリー」と友達のように愛称で呼び始める。東京遠征の時には、選手を自宅に呼び食事会を開いてくれることもしばしばだった。星野は「やんちゃ坊主の使い方がうまかった。アメリカの合理性と日本の浪花節的なところとを併せ持っていた」と思い出を語る。

今思えば、ウォーリーにより、選手たちは「自分で考えること」の大切さを植え込まれたのだろう。その成果が6年間という長期政権のうちBクラスは1度だけという好成績となって残される。1974年、星野仙一、松本幸行、マーチンらの活躍で20年ぶりの優勝をなしとげたが、私たち選手の感激とは別に、ウォーリーは巨人川上哲治監督のV10を阻止したことに格別の思いを感じていたのではないか。実はウォーリーが巨人を離れたのは、巨人のエリート川上さんとの確執からだと言われている。穏やかなウォーリーが一度だけ「テツの巨人になんか負けるな!」と口にし、厳しい表情を見せたことを私は鮮明に覚えている。

感情の起伏が激しく気難しい監督が多い中で、選手たちはウォーリーに妙な安心感を覚えていた。監督の顔色を窺《うかが》うことも、ゴマをすることも必要なかったからだ。しかし、それは選手の自主性、やる気を求める姿勢の裏返しであったことは言うまでもない。コーチ時代には私の打法にあれこれ指示したウォーリーだったが、監督になってからは何も言わなかった。

「4高木守　5島谷　7井上　9マーチン　3谷沢　8大島　2木俣　6広瀬　1星野仙」

と優勝時のナインを見ても実に個性的な選手がそろっていたと思う。

余談であるが、敬虔《けいけん》なクリスチャンであったウォーリーは、遠征先でも日曜日の朝は必ず教会へ通った。甲子園でナイターのあった翌朝8時ころ、宿舎の食堂へ降りると、そこにはウォーリーだけで他には誰もいない。そんな時決まったように私に声を掛ける。

「散歩に行くから付き合わないか?」

断る理由は見当たらない。付いていくと必ず芦屋にある教会へと入っていく。選手の中では早起きの私は、何度もウォーリーに連れられ十字架の前にたたずんだ。

２０１１年（平成23）3月、与那嶺さんは他界した。戦後の日本球界への貢献を讃《たた》える各新聞社の記事の中で、私は中日スポーツ（3月2日）の一文に感慨を覚えた。

——川上巨人を追われ、ドラゴンズに選手として拾われた。そして、恩返しができた。その時もらった報奨金は、日曜日、礼拝に行く名古屋の教会へ寄付した。優勝取材で、こっそり牧師から聞いた。――

戦後間もない微妙な関係の中で、与那嶺さんが残した大きな業績、それは〝日米友好への懸け橋〟だったのかもしれない。

（1）中日球場　爆弾騒ぎ

1972年（昭和47）は与那嶺監督の〝打倒巨人〟の期待に応えるような展開となった。とりわけ若手投手陣が巨人に対し素晴らしい成績を残す。2年目の稲葉光雄は20勝のうち巨人から6勝を、星野仙一が3勝、渋谷幸春も3勝、そして、ルーキー三沢淳も3勝を挙げ、この年の対戦成績15勝11敗の勝ち星全てをこれら若手が稼いでしまった。アンチ巨人ファンには胸のすくような1年だったが、こんな事件も起きている。8月24日、超満員の観客を集めたナゴヤ球場での対巨人戦。「爆弾を仕掛けた」との怪電話が試合中に入り、超満員の場内が騒然となるが、結局爆弾は仕掛けられておらず事なきをえた。この年は、連合赤軍による浅間山荘事件が起きており、それに誘発されたのかいたずら電話が頻発した時期でもあった。そして、この爆弾騒ぎのころから私は、思うような打撃ができなくなる。本塁打は出るが併殺打が増え始めた。これまでは当然のように上がっていた打球が、いつの間にかゴロになってしまう。しかも〝木俣の猛烈な三塁ゴロ〟と恐れられたはずの打球がいとも簡単にさばかれてしまう。「どうして？」との思いがいつしか「打つことは難しい」との悩みに変わる。翌1973年は、それまで続けていた二けた本塁打もガクッと減ってしまい、悩みはますます深くなる。今思えば、筋力の低下が原因だったのだろう。

迷った私は、打撃練習用に自宅に打撃マシンを持ち込んだ。ここで絶えず打撃練習をするのだから、閑静な住宅街に住む近所の方々には迷惑極まりない騒音だったことだろう。女房が謝って歩く姿にうすうす気付いてはいたが…。

(2) ヒッチ打法への挑戦

打撃に悩む日々の中で目についた本が宮本武蔵の『五輪書』だった。「唯心の命するまゝ、知らず知らず打事」…。たどり着いた私の結論は〝構え〟と〝呼吸（間）〟だった。それは、それなりの実績を残したマサカリ打法と言われた打撃フォームを捨て去ることであり、新しいフォームつくりへの新たなる挑戦でもあった。中日新聞社が「ドラゴンズ70周年特集」の一環として「竜戦士の名人芸」を中日スポーツで連載したが、その頃の私の様子を転載する。

――木俣は当時を振り返る。「低めの球を、上からたたくんだから、ゴロになるのは当たり前。併殺打ばかりが増える。気持ちが焦るから、三振も増えた」。

そんなある日、思い浮かんだのが、小学生の時、映画館で見たベーブ・ルースの打撃フォームだった。「昔から映画を見に行くのが好きでね。ターザンとかチャップリンなんかをよく見に行った。当時は映画前にニュース映画をやっていてベーブ・ルースがよく出ていたんですよ。大下弘さんも同じようなフォームで打ってたね」

今では衛星放送でシーズン中はほぼ毎日、大リーグが放送され、珍しくもなんともないが、当時は大リーガーのフォームを見ることなどまれだった。映画好きの木俣なればこそ、目にできた光景だったが、これで運命が変わった。

（左打者のルースは）右足を上げる。バットをヒッチ（上下に動かす）させ、タイミングをとる。おまけに、スイングはアッパー気味。

すり足で、バットを高々と揚げ、ダウンスイングだった木俣とは、全てに正反対のフォームだった。試してみると、フィーリングが怖いほどに合った。ゴロになる打球が、鋭いライナー中心に変わった。

理詰めで考えるのが好きな木俣だが、その理由を自分なりに考えていると結論が出た。「重力があるんだから、

自宅に設置した打撃マシン

球は落ちるもの。それを上からたたけばゴロになる。それなら、上がるように、（アッパー気味に打って）力を加えればいいんだ」と。――

私は大下弘さんがヒッチし、西沢道夫さんがグリップを下げてタイミングをとっていたことは知っていた。何度も書くが当時はダウンスイングが良いとされていた。しかし、ベーブ・ルースのフォームを思い出す時、ダウンスイングでは対応できないのだ。私は思い切ってグリップを下げることにした。そして、〝間〟を確保するために王貞治さんの〝一本足〟を研究した。こうして完成した打撃フォームは「逆マサカリ打法」と呼ばれたが、これは私にとって本意ではない。張本さんらの打撃フォームを「3大変則打法」と紹介したが、実は私の打法も変則なのだ。それは、今でもよくあんなフォームで打てたものだと我ながら感心するのだから…。よほど足腰が強くなければ打てない、あくまでも「木俣打法　ヒッチ打法」なのだ。

バッティングに決まった形はない。自分自身で工夫することが大切だ。振り返ってみれば私も自分の打撃が完成するのに10年かかったことになる。私の打撃理論については他の機会に回すが「ボールの芯の5ミリ下　3ミリ内を打つ」のが理想であり、「十の息を吸い、二分吐いて止める。この時打つ」のが私の打撃の基本であることを付け加えておく。

そしてもう一つ。武士は、千日の稽古《けいこ》を鍛と言い、万日の稽古を錬と言った。『五輪書』でも、「能々習ひ得て鍛錬有べき儀なり」と言っている。日々の精進こそがことを成就させるのだ。

今から8年ほど前、『落合博満の超野球学』（落合博満著　ベースボールマガジン社

2003）を購入した。そこには「ヒッチは決して〝禁じ手〟ではない」との見出しで、私の打撃フォームが解説されている。落合らしく理路整然と、しかも肯定的に私の打法を説明してくれていることに感謝したい。

私は、大下さんの打撃フォームを見返しているうちに大下さんがベーブ・ルースと同じような方法でタイミングをとっていることに気付いた。それが〝禁じ手〟と言われ続けてきたヒッチ（グリップを下げてから持ち上げる）であった。〝禁じ手〟と言われたのはトップの位置まで持っていく時、ヒッチは余分な動作に見えるからだ。ところが私はこうすることによりトップの位置へスムーズに持っていくことができると感じたのだ。私の打法の最大の特徴はこのヒッチにある。今のプロ野球選手の中で、私のような打ち方をする選手はいないが、あえて挙げれば、楽天の山崎武司のフォームが最も近い。

ヒッチ

戦後、プロ野球を国民的スポーツへと発展させた打者としての最大の功労者は川上哲治さんと大下弘さんだ。戦前から活躍していた川上さんは終戦後、一時郷里熊本で農業をしていたものの、大下さんの活躍ぶりに促されるかのように巨人へ復帰。アベレージバッターとしてファンを球場へと引き戻した。一方、大下弘さんはこれまでにはあまり注目されなかったホームランを連発。明るい人柄とも相まって、女性や子どもたちを球場へと誘い込んだ。この2人は所属球団こそ違ったが、兄弟のように仲良く切磋琢磨《せっさたくま》したという。川上さんは大下さんのことをこう解説する。「私は静止して構えたが、大下さんはグリップを動かしタイミングを取っていた。打つ瞬間もボールの芯を下からこすりあげるように打ち、打球は放物線を描くように飛んでいった」。そして、大下さんのホームランが大きな喝采を浴びるあまりに、「私もホームランを打たなくてはいけないような気になり、フォームを崩してしまったこともある」と。2人にスポーツメーカーがそれぞれ赤バットと青バットを持たせたことが野球人気をさらに高めていった。

(3) 打撃成績2位の誇り

2010年（平成22）7月、王貞治監修『SADAHARU OH treasures』（文化社）が出版された。これまでの常識を打ち破る、博物館のような見事な本だ。そこに、私の思い出を寄せる幸運に恵まれた。そこから少し引用させていただく。

――私も打撃では、一本足を真似《まね》して打っていたのですが、私は右打者なので、王さんの写真（筆者注　王さんの打撃フォームの連続写真。木俣撮影）を下のように裏焼きして参考にしたことがあります。そして足をあげるようになってから3割を打てるようになりました。王さんに一本足について聞いたこともあるのですが「15分位《くらい》平気で立っていられなければダメだ」と言われました。

これはものすごく大変なことです。どうしてできるのかと聞いたら、「気」の持ちようだと。それで上げた足はいつも同じ幅で同じ場所へ下ろすんです。その練習を畳の上でやるんです。それを何回かやっているとものすごく疲れます。「足が地面に突き刺さっているようにならないといけない」とも言われました。

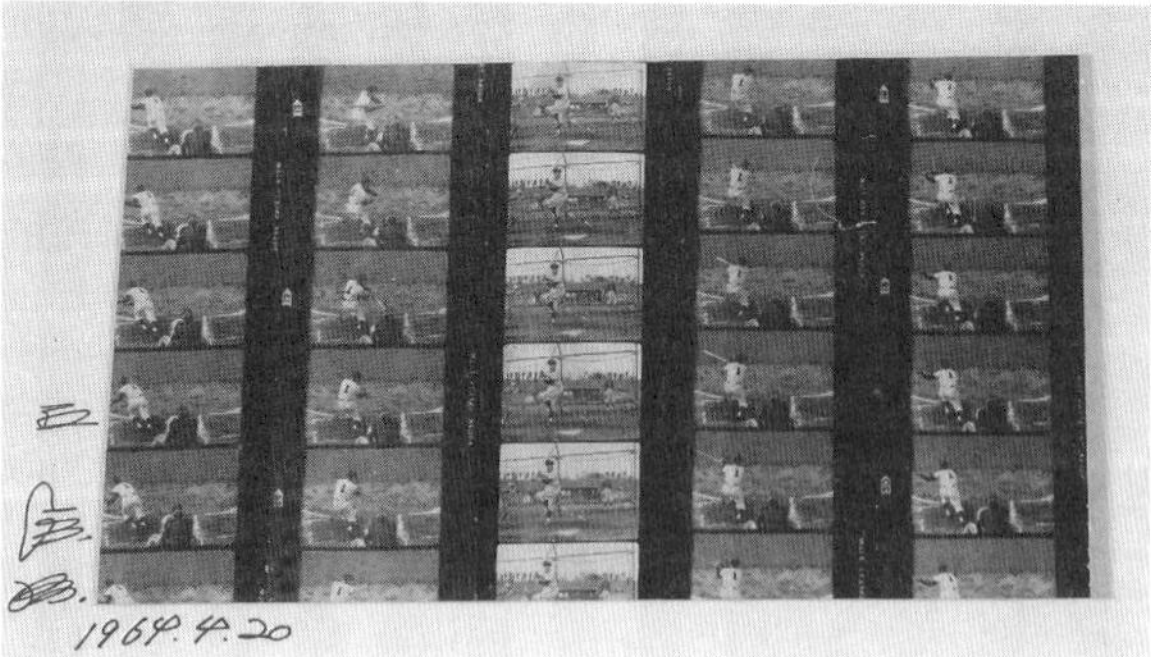

王さんの打撃フォームの連続写真。裏焼き。王さんからサインをいただいた

中日が巨人のＶ10を阻止して優勝した１９７４年、王さんは三冠王を獲《と》りました。そして、そのときに打率部門で争ったのが実は私なんです。私にとってはタイトルを王さんと最後まで争ったということだけでも、末代まで誇れる「２位」だと思っています。——

私のバッティングは王さんのバッティングを原型に独自にアレンジしたものだ。

①一本足の足は地面に突き刺さっていると思え
②前足のステップの幅は83センチくらい。畳の横くらいの長さだ
③バットは右手の薬指、中指、小指でしっかりと握る。他の指は卵を握っている感じでリラックス
④投手が足を上げたら、自分も上げる。投手の足が着地したら、自分も前足を着地させる
⑤手でバックスイングしないで、足の上げ方でバックスイングをとる
⑥前肩を開くな。背中を投手に向ける感じ
⑦ステップは前足の親指の下で着地する
⑧目、頭は動かしてはいけない
⑨左手を返すのを遅らす
⑩バットのヘッドを遅らす
⑪打つポイントは前の方。自分の体より２メートル前で打つ感じ

⑫腕が伸びきった所でボールに当てる。その後、腰を回転するように。早く腰を開くな

（4）複雑な思いの阪神最終戦

私にとってはどん底の1973年（昭和48）だったが、それを象徴するような思いをした試合がある。これより2カ月近く前の試合、松本幸行が完投しながらも、延長11回江夏豊にノーヒットノーランを献上し、しかも、江夏の本塁打で敗れている。そして迎えた阪神との最終戦。

10月20日（土）中日球場　観衆30、000人

阪神	100	100	000	2
中日	002	100	01×	4

勝ち投手　星野　16勝11敗
負け投手　江夏　24勝13敗
本塁打　木俣9号　4回ソロ（江夏）

阪神にとっては129試合目、勝てば優勝、負ければ巨人との最終戦にまでもつれ込むという大一番だった。ところが、中日にとっても阪神にとっても、まことに奇妙な状況の中でプレーボールを迎える。

後日、星野がテレビ番組の中でこの試合のことをコメントしているのを聞いた。

「プロ野球精神から言ったら外れているが、負けてもいいや、巨人だけには優勝させたくない。ウチはAクラスが決まっていたし、私も15～16勝していて給料だって上がる。いまさら勝ったってしょうがない。阪神に優勝させ、にっくき巨人のV9を阻《はば》めばいいと思い、ど真ん中ばかり投げた。勝ったらお前ら優勝だろうが…。でもこんな思いが一向に伝わらない。阪神というチームはどうなってるんだと、変な感じだった」

全国放送される中でのコメントだったからだろう。星野は言葉を選んで語っている。

阪神の対応も不可解だった。この年中日から8勝を挙げている中日キラー上田二朗が先発予定だったのを、急きょ江夏豊に変えてきたのだ。江夏が、金田正泰監督に直訴し変更したといわれているが、本当は球団首脳部の意向が働いたのだろう。『プロ野球データファイル14号』（2011年7月　ベースボールマガジン社）ではこう記している。「江夏に球団幹部が『明日は勝たんでいい』と言ったというのだから念が入っている…」。巨人との最終戦に登板するのが当然の状況の中で、コントロール抜群の江夏に変えたことも意味深長だ。

球団代表だけでなく私たち選手も巨人のV9は阻止したい。かといってむざむざ負けるのも気が引ける。複雑な気持ちで臨んだこの試合。私は、狙い球を絞れぬまま、きた球をただ振るしかなかった。ところがそのうちの1本がたまたま決勝の本塁打になってしまう。前年とはうって変わって9本しか打てなかった本塁打の1本がこの試合で出てしまったのだ。

打ってはいけない本塁打を打ってしまったような気分だった。今でもあれは、私の振る軌道に合わせ江夏がボールを投げてくれたのではないかと思うくらいだ。一方、先発した星野も、7、8、9回はストレートばかりを投げたが、阪神打線から快音は聞こえなかった。

試合が終わるころ、甲子園での最終戦に向かう巨人ナインを乗せた新幹線が、中日球場の北側を走り抜けて行った。車内では、V9への夢が膨らんだ歓声が響いていたに違いない。星野も私も妙な思いで球場を後にした。

翌日の甲子園球場、阪神先発の上田は2回で4失点。結局9対0で完封負けを喫してしまう。収まらないのは阪神ファン。試合終了と同時にグラウンドになだれ込み、巨人の選手に暴行を加えるなど荒れに荒れた。結局、阪神金田監督がファンの前で頭を下げやっと事態が終息する。一方、巨人川上哲治監督は「なんだか夢心地だよ」、完封した高橋一三投手は「阪神バッターは固くなってストレートに詰まっていた」、長嶋茂雄さんは「最後には巨人の底力、巨人軍魂が出たね」と語っているが、これらの談話を私は複雑な思いで受け取めた。星野もそうであったにい違いない。

(5) 神様　仏様・・・・

ヒッチ打法を完成させた私は、打順こそ7番に下がったものの初めて打率3割を超え優勝の美酒をも味わう。しかし、初めての体験とはどんな場合でも震えを伴うことを改めて知る。

１９７４年（昭和49）、ヤクルトとの最終戦のことだ。

10月11日（金）神宮球場　観衆４５、０００人

中日	０００	００２	００１	３
ヤクルト	０００	２０１	０００	３

大洋戦を2試合、そして、巨人と1試合を残し、ヤクルトとの最終戦を迎えた。もし、この試合に負けると、大洋戦に連勝しても優勝は巨人戦に持ち込まれることになる。巨人戦までもつれ込めば中日不利なことは誰もが認めていた。何としても勝つか、引き分けるしかない。

ヤクルト先発は松岡弘、私にとっては最も苦手な投手だった。鋭いシュートにてこずり、特に前年は19打数1安打と散々な成績で、顔を見るのも嫌な投手だった。6回、マーチン、

谷沢が出塁し、大島も死球で2死満塁。得点2対1で、何としても同点にしたい場面である。スタンドが騒然とする中で私に打順が回ってきた。私は、異常なほどに緊張しバッターボックスに入り、構えた。その時、捕手の大矢明彦がささやいた。

「木俣さん、足が震えていますよ」

言われてはっとした。確かに足が震えて止まらないのだ。あわててタイムを取る。そして、祈った。

「神様、仏様。どうか足の震えを止めてください」

3ボール2ストライクのフルカウント。その後は全くの空白だ。とにかくバットを振ったが、ボールがどこへ飛んだのかもわからない。夢中で走っていると、ライト前へ転がるボールが目に入った。2対2の同点に追いついたのだ。しかし、その裏、ヤクルトに1点を入れられ、再び追う展開となる。そして、9回。ヤクルトの投手は、私にとっては相性のいい浅野啓司に代わっていた。本塁打を打ってやる、そんな意気込みで臨んだ打席、もう足は震えていなかった。本塁打にこそならなかったがレフトオーバーの2塁打で出塁すると、高木守道さんがレフト前へヒットし、再度同点になる。高木さんはこの試合それまで2三振と全くいいところがなかった。ヤクルトの監督は荒川博さん、コーチは広岡達朗さんと巨人OBだった。高木さんは「巨人にいじめられているような感じだった」というが、それだけに「ここで打たなければ男がすたる。何としても打ってやると必死だった」そうだ。その裏、星野仙一が登板した。ところが星野も私と同じように、緊張の極限だったのだろう。なんと足が震えていたのだ。そのためかボールが全く走らない。明らかにいつもの星野のピッチングになっていない。それに惑わされたのが幸いしヤクルト打線は沈黙、何とか引き分けに持ち込むことができた。星野は告白する。「何としてもドローにしなければと思うと、自分でもユニホームが揺れているのが分かった。足が震えていたのだ。これが優勝へのプレッシャーなのか。あそこで抑えなかったら皆の人生をめちゃくちゃにしてしまう、そう思うと余計に震えてきた」と。星野も私と同じなんだと思うと、これまで以上に親しみを感じるのだった。翌朝、名古屋へと帰る新幹線の中、誰ひとり眠る者はいなかった。ぎらぎらと目を輝かせていた。優勝へのプレッシャーを一つ乗り越え新たな闘志を感じた。

　この試合を観戦した杉下茂さんは、翌日の中日スポーツ（1974年10月12日）にこう書いている。

「ベンチ総動員の25人の総力戦。これぞ中日野球の神髄

地下鉄ナゴヤドーム前矢田駅のパネル前で

である。木俣は松岡弘の外角ぎりぎりのボールに食らいついて、一、二塁間へタイムリー。もうこの回で終わりの土壇場で、左翼へライナーの二塁打。この日の3安打は『やはり3割はダテではなかった』ことを示した安打である。それに2死三塁の土壇場で、浅野のシュートを三遊間に同点打した高木守の気合の入りようはどうだ…」

どうやら杉下さんは、私の足の震えには気づいていなかったらしい。

翌日のナゴヤ球場、大洋とのダブルヘッダー第1試合を9対2と松本幸行で快勝し王手をかける。2試合目の先発星野は、戦況を見つめながら「おいおい、点の取り過ぎだぞ。次の試合にとっておいてくれ」と思ったそうだ。第2試合、星野は「絶対にリリーフには頼らない。おれの力で巨人の息の根を止めてやる」と心に決めマウンドに立つ。しかし連投に次ぐ連投で疲労困憊《こんぱい》だった。鈴木孝政（タカマサ）は「明らかにいつもの星野さんではなかった。でも顔だけで投げていた」と振り返る。6対1でリードして迎えた9回裏。今なら1球ごとにスタンドから大合唱が沸き起こるが、この時は全く違った。打者を追い込み星野が振りかぶると、球場全体がシーンと静まり返るのだ。ただ放送席のアナウンサーの声だけが聞こえてくる。おそらくその声を星野も聞いていただろう。最後の打者を三塁ライナーに打ち取り優勝を決めた瞬間、私はマウンドに駆け寄り星野に飛びついた。今でも時々放送される中日球団史上の名場面だが、後で星野が私に言った。「キャッチャーマスクをしたまま飛びつかれたので、顔に当たって痛くてたまらなかった」

巨人がＶ10を逃したこの年、黄金時代を支えた川上さんも長嶋さんも引退した。前年に勇退を一度覚悟した川上監督は、優勝への執念が萎《な》えかかっていたのかもしれない。

（6）イメージコントロール

緊張の中で打てたことは大きな自信を付けたこととなり、後の自分の打撃にも大きく影響する。その後大試合で何度となく足の震える場面に出合うが、この場面をイメージすることで緊張の中でもいい仕事ができた。要は自分を信じることだ。

科学的な研究によれば、人間はあるイメージを想像すると、それだけで実際に体験しているのと同様の生理反応を起こすという。この松岡との対決場面を思い浮かべると、筋肉の硬直、動き、ホルモンの分泌など同じような生理反応が起きるということだろう。また、人間

地元岡崎での優勝祝賀会であいさつ

の脳は、現実の出来事と、現実と同じくらい鮮明に描いたイメージとを区別できないという報告もある。

イメージトレーニングをしたからといって全ての問題が解決するわけではないし、技術が向上するものでもない。しかし、肉体的トレーニングでは鍛えられない心理的な技術を着実に刺激して向上させることはできるだろう。プロに入ってくる選手の力の差はさほど大きくはない。練習でフライを落とすことはまずないが、試合では見られることがある。緊張が筋肉硬直を生むからだ。選手が活躍するかどうかの一つは心の問題ともいえよう。

苦しい時の神頼み・・・マインドコントロール

マインドコントロールにはイメージコントロールのほかいろいろある。

水原　茂監督…お稲荷さんのお告げで選手を起用

山内一弘監督…バイオリズムで選手を起用

野村克也監督…パンツの色を変え、勝ったらパンツ

を変えない
星野仙一監督…自分の席の上に竜のお守りをつるす
彦野利勝選手…シールを張る
桑田真澄投手…ボールを通し母に語りかける
（ＰＬ学園の選手は胸に手を置き、
神様と話す）
郭　源治投手…自分の子どもの名前をグラブに書く

（7）闘争心に欠けた日本シリーズ

セ・リーグ優勝を決めた2日後、10月14日には名古屋市内の繁華街で「優勝パレード」が行われた。20年ぶりの優勝に熱狂したファンが、行く先々でオープンカーをとり囲み選手たちを握手攻め。握手は右手でするため選手の右手がパンパンに腫《は》れあがってしまった。私もバットが太く感じたし、星野もうまくボールが握れない。もっとも左投げの松本幸行は影響がなかったようだが…。こんな状態で16日から日本シリーズが始まった。パ・リーグの覇者は金田

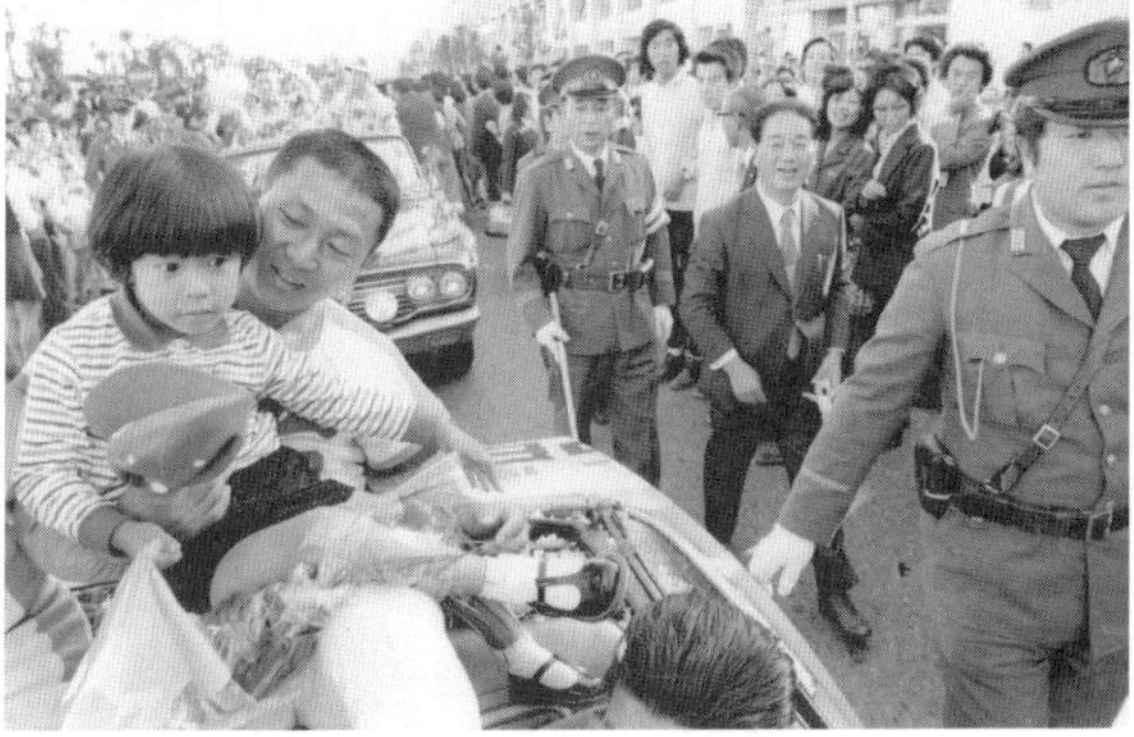

優勝パレード。長男直毅と

正一監督が率いるロッテ。中日球場、後楽園球場を舞台に戦われたが、結果は2勝4敗で日本一の座を逃してしまう。実を言うと私はこのシリーズのことをあまり覚えていない。自分の成績も芳しくなかったせいもあろうが、とにかく巨人のV10を阻止したという成就感だけで、シリーズへの闘志を失ってしまっていたのだと思う。ただ高木守道さん（守道さん）の野球への執念のすごさを改めて感じさせられた。第4戦の5回、守道さんは自打球を左足首に当て、全治3週間の骨折をしてしまう。しかし、守道さんは第6戦には出場したのだ。試合中に3度も痛み止めの注射を打ちながら…。

今振り返ってみると、優勝パレードが行われた日、後楽園球場では長嶋さんの引退試合ともなる巨人との最終戦が行われようとしていた。そんな日にパレードが行われたこと自体が前代未聞であるが、それだけ読売新聞社への対抗心が強かったことの表れでもあろう。

(8) 赤ヘル旋風

中日が優勝した翌年、セ・リーグに異変が起きた。それまで万年Bクラスに安住（?）していた広島が動きだした。前年まで打撃コーチだった元大リーガーのジョー・ルーツを監督に据《す》えたのだ。負けることに慣れきったかのような選手の精神的弱さを感じていたルーツ監督は、意識改革の一つとして赤い帽子、赤いヘルメットの使用を指示する。これまでユニホームには赤い線が使われていたが帽子やヘルメットを赤にされた選手たちは「小学校の運動会みたいだ」と、違和感を持つが、監督の積極的な動きとコーチの古葉竹識さんや山本一義さんらの協力もあり、いつしか「この監督についていってみようか」と思い始める。外木場義郎をローテーションの核とした投手陣の再編、日本ハムから獲得した大下剛史の積極性の浸透などにより新生カープがスタートする。

ところが4月27日の阪神戦、佐伯和司の投げたボールの判定をめぐり、ルーツ監督が猛烈に抗議、割って入ろうとした塁審を突き放したため即座に退場を宣告される。ところがルーツ監督は本塁ベース上に座り込み全く動こうとしない。困り果てた審判団は、球場に来ていた球団代表に説得を頼む。球団代表はグラウンドに降り監督を説得する。これがルーツの怒りに火をつける。「グラウンドの責任者は自分だ。フロントがグラウンドまで出るのは我慢できない。辞める」。そして、選手には「お前たちには力がある。優勝したらオレを呼んでくれ。一緒に祝おう」、そう言い残し帰国してしまう。後を受けた古葉代理監督の下、チームはあきらめず戦い続ける集団へと進化していく。その年のオールスター戦、ファン投票で選ばれた山本浩二、衣笠祥雄がそろって2打席連続本塁打を打つ活躍もあり、〝赤ヘルブーム〟が巻き起こる。地元はもちろん全国各地に、赤い野球帽をかぶった子どもたちの姿があふれていた。

一方中日は、この年球団初の海外キャンプが張られ、アメリカフロリダ州ブラデントンに

2週間滞在した。大リーグ相手のオープン戦も組まれ4勝4敗の成績を残している。帰国後は浜松で調整し公式戦に臨むもののチームの成績はなかなかふるわなかった。そんな時は事件がついて回るものだ。

9月10日、優勝への期待が過熱したファンでいっぱいの広島市民球場で大事件が起きる。中日1点リードで迎えた9回裏2死走者二塁。山本浩二のヒットで本塁へ突っ込んだ三村敏之に、捕手新宅洋志さんが体当たりタッチする。このプレーをめぐり両軍選手が入り乱れる乱闘に。さらに刺激されたファンがグラウンドに乱入し大混乱になる。ファンの数人はベンチへも侵入、置いてあるバットを振りかざし、星野仙一や私にも襲いかかってきた。身の危険を感じつつもなんとか彼らを抑えつけているうちに警官隊が動員され何とか事態は収拾された。中日ナインは急ぎバスに乗ったが、投石で窓ガラスは破られ、タイヤもパンクさせら

昭和48年の浜松キャンプで

れてしまう。ガタガタと移動するバスで宿舎へ逃れたが過激なファンは後を追うように押し寄せ日本にいる心地ではなかった。この騒ぎで、谷沢健一ら中日選手10人以上がけがをし、脅迫めいた悪口雑言も一晩中続いた。

結局、翌日の試合は危険な状態を想定し中止を余儀なくされ、私たちはパトカー先導で広島駅へと向かった。もっともこの年前後の広島球場は異様な雰囲気に包まれることが多かった。ヒットを打った後ベンチへ戻ると、ビールを投げかけられる選手が続出した。この年、私は精彩を欠きマスクを新宅さんに譲ることが多かった。

結局この年は広島が球団創立26年目にして初優勝を決める。奇しくも被爆30年目の年と重なった。市民の浄財が大きな力となり設立された広島球団だったが、優勝どころかAクラスも難しい年月が続くなか、カープを応援する文化人の会までできていた。当時会長だった雑誌『酒』編集長の佐々木久子さんが語っていた。「太陽が西から上ることはあってもカープが優勝することはないと馬鹿にされた。でも優勝した。歴史的一大事です」

そして、優勝パレードを経験した古葉監督は涙をこらえるようにして語る。「亡くなった親や兄弟の写真を掲げながら迎えてくれるファンの姿があちこちに見られました。ああ、昔から市民の球団だったんだなあと、感動しました」。余談になるが、優勝祝賀会にはルーツ氏の姿があったことは言うまでもない。

(9) 方位学に凝った谷沢健一

1976年(昭和51)は与那嶺監督にとって屈辱の年だった。後楽園球場に初めて人工芝が登場する。しかし、ここでの中日は0勝12敗1分、被本塁打199本と惨憺《さんたん》たる成績しか残せなかった。併せて主力も高齢化し、けがで離脱する選手も多かった。そんな中で若手の活躍が際立った。

10月18日、タカマサは、その年のセーブ王と防御率1位を決め、合宿所でのんびりしていた。残すは明日の対広島ダブルヘッダーのみ、チームの4位も確定していた。そこへ突然、同じ千葉県出身の先輩谷沢健一が「泊めてもらうよ」といって訪ねてきた。いぶかしがるタカマサに谷沢は説明する。

「明日、ナゴヤ球場へ行くには、合宿所から出るのがいい方角になるから」と。

この年、谷沢は巨人の張本勲さんと激しく首位打者を争っていた。すでに全日程を終えた張本さんの打率は3割5分4厘6毛7糸、谷沢は、3割5分4厘5毛7糸、わずか1毛差だった。何としてもあと3本は打ちたい。誰でも祈るような思いになるのは当然だ。谷沢は当時、いつも方位磁石を持ち歩くほど方位学に凝っていた。この日も明日の〝吉方〟を占ったのだ。

翌日、タカマサの部屋から球場入りした谷沢は、第一試合、4打数3安打。打率を3割5分

4厘7毛3糸、わずか6糸差で首位打者を獲得する。

谷沢が千葉県習志野高校2年の1964年は、東京オリンピックの年だった。この時谷沢は聖火ランナーを務めたという。中学時代は陸上部だったというからうなずける話だ。早稲田大学へ進んだ谷沢は、同期生の荒川堯と共に六大学のスラッガーとして活躍する。谷沢の残した六大学通算打率3割6分2厘は、その後しばらく破られない高打率だった。

1970年（昭和45）中日入りするが、打率2割5分1厘、11本塁打、126試合出場で新人王に輝く。センターを中心に左右に打ち分ける打撃で安打を量産し、1976年には打率3割6分5厘で首位打者となる。谷沢は二塁打の多い打者として知られているが、この年は176安打中、二塁打が36本、5本に1本が二塁打だったことになる。

天才的打撃センスとさえいわれ、セ・リーグを代表する打者谷沢だったが、1978年のシーズン途中、それまで

昭和48年の浜松キャンプで。右は谷沢

注射で抑えていたアキレス腱痛が悪化し、戦線を離脱する。病院、治療院等、よいと言われればあらゆる所を回るものの、一向に回復しない。引退を決意し、実家のスポーツ店の後継ぎになろうとしたその矢先、福岡市在住の治療師小山田英雄さんとめぐり合う。治療法は、日本酒を患部に塗りマッサージするというものだったが、まさに奇跡的に回復し2軍に合流できるまでになる。ただ、痛みの元凶アキレス腱裏にできた軟骨はそのまま残っており、いつ痛みが再発するか分からない。そこで谷沢が考え出したのがブーツ型の特製スパイクだ。余談だが、谷沢が考案した特製スパイクは、その後処分してしまい、今谷沢の手元には1足も残っていないという。実は私も谷沢と同じくアキレス腱痛に悩まされていた。特製スパイクの話を聞くとすぐ私も特注した。そのスパイクは今でも残っている。

こうして1年4カ月後、谷沢は不死鳥のごとく復活する。6818打数2062安打、打率3割2厘、969打点、本塁打273本が通算17年の成績だ。ちなみに二塁打

谷沢が日本で初めて考案したアキレス腱保護用スパイク

は348本を記録している。

谷沢に最も思い出深い対戦を尋ねると、抑えられっぱなしの江川卓から打った2本の安打をあげる。1982年9月14日後楽園、そして9月28日ナゴヤでのことだったが、いずれも当時アドバイザー契約をしていたM社製のバットでなく、他社製のバットで打ったのだという。谷沢は、ファンにも新聞記者にも受けが良くなかった。サインやコメントを求められても無視したり、凡退するとヘルメットを投げつけたりしたからだろう。しかし、谷沢は「悪いと思っている。しかし、悪役に見られている方が集中しやすいから」と述べている。ここでも何としても江川を打ち崩したいという執念が、あえて契約違反を承知の上で他社製のバットを使わせたのだろう。

(10) 外国人選手いろいろ

私がロッカールームへ行くと「南無妙法蓮華経…」の読経の声が響いている。何と来日したばかりのデービスが一心不乱にお経をあげているのだ。お坊さんかと間違うほどの声と唱え方だ。デービスはアメリカにいる時から日本の宗教団体の熱心な信者だったそうだ。しかし、日本の習慣を知らないデービスは風呂でも一騒動を起こす。湯船の中で石鹸を使い泡だらけにしたり、湯を抜いてしまったり…。そんな行動とは裏腹に、現役大リーガーからの入団だけに、その片鱗をいろんなプレーで見せてくれた。いまだに語り草になっているのが、1977年（昭和52）5月14日、ナゴヤ球場での対巨人戦、西本聖投手から満塁ランニング本塁打を放った場面だ。塁間を10歩で駆け抜ける脚力に私たちは度肝を抜かれた。在籍1年、けがのため72試合しか出場しなかったが、打率3割6厘、25本塁打を放っている。勝手気ままな態度はチームプレーにはなじまなかったが〝怪人〟であったことは確かだ。

私が入団した時にはマーシャルがいた。大リーガーの風格を感じさせる選手だった。1974年に入団したマーチンは、メジャー経験が1年の27歳の若さで来日。初年度に35本塁打で4番に定着、優勝に大きく貢献した。中日ファンには、優勝が決まった瞬間に初めて見せた〝はげ頭〟が強烈な印象として残っているのではないか。

数多くの外国人選手と出会ってきたが、私が最も好印象を覚えているのがモッカだ。中日新聞社発行の『ドラゴンズ70年史』（2006）でも、モッカを讃《たた》えている。

――82年の優勝は、モッカの存在抜きには語れない。マーチンとは違い、大リーグの経験もあった選手だったが、妙なプライドを周囲にひけらかすこともなく、異国のチームにとけ込んだ。

性格もまた粗暴な面が全くなく、まさにジェントルマン。チームメートの誰からも尊敬された。日本での最後の試合、自然発生的にナインから胴上げされたのは、チームの一員として認知されていた何よりの証しだったといえる。後にも先にも、こんなにチームに溶け込んで、チームを去っていった選手は他に知らない。

モッカの成功物語は帰国後も続いた。指導者として認められ、2005年にはアメリカンリーグ西地区の強豪オークランド・アスレチックスの監督を務めている。

ちなみに、現シアトルマリナーズのイチローも、少年時代はモッカのファンだった。渡米後、早速あいさつに行き、モッカを大喜びさせた。

2003年（平成15）夏、私は球団関係者から次期監督適任者を問われ、「モッカがいいと思いますよ」と答えている。中日では三塁を守っていたがもともとは捕手であり、野球の知識は抜群だ。モッカ監督なら面白い野球が見られるのではないかと今でも思っている。

――――


ドビーとニューカムが最初に日本でプレーした大リーガーだが、戦後から数えると800人以上の外国人選手が日本でプレーしている。中日ではマーシャルがそうだったように1970年ごろまでは、日本人選手に本場の野球を教えるような役割が大きかった。1964年（昭和39）阪急に入団したスペンサー、1967年（昭和42）南海に入団し、後に阪神の監督まで務めたドン・ブレイザーがその代表である。しかし、日本プロ野球の実力向上と同時に、外国人選手の意識にも大きな変化が現れる。1983年、ランディ・バースは〝最強の助っ人〟という触れ込みで阪神に入団する。しかし、力任せに引っ張る打撃には限界があった。また、カウント3ボールの場合、必ず直球を投げてくるアメリカとは違い、日本の投手は変化球を投げてくる。そんな戸惑いもあり、バースは日本の投手に自分の打撃を合わせる努力の必要性を痛感する。広角打法に活路を見いだしたバースは、その後2度の三冠王に輝くなど日本球界の歴史に名を残すこととなる。しかし、私は、このバースの記録よりも、彼が日本野球だけでなく、日本の風土に溶け込もうとしたところに大きな意味があると思う。バースは将棋を覚え、相当な腕前だったそうだ。また、自分が好成績を残したことにも「後ろに掛布が控えていたから相手も自分と勝負せざるを得ない。全て掛布のおかげです」と、他の選手への気配りも見せる。

そういえば、英語が話せるイチローだが、日本のメディアから彼の英語を聞いたことがない。自分は今どういう立場なのか、絶えず客観的に自分を見つめている姿勢が、バースにしてもイチローにしても野球における結果となって表れていると言ってもいい。

8 「自分の右手をけがしたら、右手を取り替えるだろうか」中利夫監督

群馬県内有数の進学校前橋高を、東大も狙える優秀な成績で卒業した中利夫さんは、

1955年（昭和30）、中日へ入団する。野球部員でありながら、陸上選手としてインターハイにまで出場した経験を持つ中さんは、その足でレギュラーへの足掛かりをつかむ。開幕間もない広島戦、8回までノーヒットノーランに抑えられた9回、代打に起用された中さんは、初球を三塁線へのバントヒット。プロ初打席でチームを不名誉な記録から救う。その後、足を生かしたバントヒットは中さんのトレードマークとなるが、バントを試みるのは年間20回前後とさほど多くはない。しかし、集中して試みたことが1度だけある。1967年のシリーズ終盤、中さんが、巨人の王貞治さんと首位打者を激しく争っていた時のことだ。

前年、中さんはやはり巨人の長嶋茂雄さんと首位打者争いを演じていた。ところが大事な試合で、内野安打と思われる2本の当たりがいずれもアウトと判定されてしまう。気落ちしたのか次の2試合も無安打となり、争いから脱落してしまう。それだけにこの年の中さんの首位打者への意欲は並々ならぬものだった。

そして、迎えた9月16日からの広島3連戦、中さんは5本のバントヒットを決め、13打数8安打、一気に首位打者を不動のものとしてしまう。中さんは言う。

「それまでバントなんてあまりやっていなかった。でも『王がセーフティーをやり出した』なんて聞いたもんだから…」。

ちなみにこの年のバントヒット数は他の年とほとんど変わらぬ14本。王さんがどれだけセーフティーバントを試みたのかは分からないが、王さんなりにプレッシャーを感じていたことは確かだろう。一方、広島の長谷川良平監督の談話も、打撃人中さんの真髄を言い当てている。

「バントで来るな、と思って三塁手を突っ込ませると、その上をちょこんと越してレフト前にもっていく。全く、やりにくいバッターだった」

相手チームの監督だけではない。「バッターボックスの中で、かがんだり背伸びしたり（ちょうちん打法と言われた）、足を動かしたり静止したり、前に立ったかと思えばいつの間にか後ろにいたり」と惑わされた捕手や投手は数知れない。東大も狙える頭脳を生かし切っていたのだろう。

守備でも中さんならではの動きが随所にみられる。外野手としての1試合補球数11と1シーズン補球数３５０のセ・リーグ記録はいまだに破られていない。

近藤唯之氏は、その著『野球を面白くした名人たち』（太洋企画出版）の中で、中さんの外野守備を〝忍法中流空気切り〟捕球術と表現し次のように記している。

――――たとえば長嶋三塁手（巨人）が右打席に立つ。すると中は守備位置からは長嶋のバットだけを見る。そして長嶋が右翼へ流し打とうと、バットのヘッドを右翼方向へ移動し出した瞬間、中は体重を左足（右翼方向）に移し、気持ちの上ではすでに右翼方向へスタートを切っている。・・・・だからミートした瞬間、こんどは本当に体が左足から右翼方向へ走り出す。

いってみれば中は打者のバットが空気を切り始めたときから、守備の動きに入っている。

――

中さんも「キャッチャーのミットの構えを見て守備位置を変え、打つ一瞬前のバッターの形や球音で判断する」と言っているから、近藤唯之氏の表現も当を得ていると言えよう。絶えず先を読む動きは、守道さんとそっくりだ。やはり名手と言われた選手たちがたどり着くところは共通であり、それが奥儀を究めるということかもしれない。中日70年の歴史の中で、2人が作ったセンターラインが最強のものであることは言うまでもない。

中さんについてもう一つ付け加えなくてはならない。西尾慈高投手に交換してもらったグラブを、12シーズンにわたり使い続けたことだ。使い続ければ当然ぼろぼろになる。しかし、繕い続けるのだ。誰かが聞くと「自分の右手をけがしたら、右手を取り替えるだろうか」と。そんな中さんの思いの中にも、頑《かたく》なな人間性を垣間見ることができる。

野球に対してだけではない。生活面でも実に頑なな方だった。ビールは1本、肉はほとんど食べない。たばこはショートホープを1日2箱。外食はほとんどしない。遠征先でも外出、外食する姿はほとんど見たことがない。70歳を過ぎた今でもそのままだと思う。

1972年現役引退後、2軍コーチ、1軍コーチを経て、1978年から3年間監督を務める。しかし、温厚ではあるものの、時には理知的すぎてコーチ、選手の心をつかむまでには至らなかった。5位、3位、そして3年目は最下位に甘んじユニホームを脱ぐこととなる。

中監督時代、稲尾和久さんがピッチングコーチに就任した。その年主力投手10人と捕手3人を連れ、勝浦で秋季キャンプを張った。「逃げるな。四球を出すな。困ったらシュートを投げろ」と、粘り強く、繊細な指導だった。しかし、練習の後には必ず飲み会の席をつくり私たちとのコミュニケーションづくりにも気を使っていた。酒豪の稲尾さんは、大きなグラスにウイスキーを1本注ぎ、それを回し飲みさせる。自分の所へ回ってくるまでに空にならないと納得しない。右から回すか左から回すかは分らないので、稲尾さんの横には、必ず堂上照と三沢淳かタカマサを座らせるのが私の作戦だった。一回の飲み会でウイスキー4〜5本を空けたから酒の席も粘り強かったようだ。

酒豪稲尾さんらしい話を一つ付け加える。5、6人の選手が稲尾さんを囲み宿舎近くの居酒屋で酒盛りを始めた。いつものようにウイスキーを注いだタンブラーの回し飲みだ。ところが選手たちの反応が今一つ盛り上がらない。業を煮やしたのか稲尾さんはタンブラーを自分の所へ戻させ、傍らにあったウイスキー2本をさらに注ぐ。一同が唖然《あぜん》としている間に一気に飲み干してしまったのだ。その後しばらく独演会が続いたが、さすがの稲尾さんもダウン。呼んでも揺すっても目を覚まさない。参加者一同困り果てた末に店の軽トラックを借り、その荷台へ重い重い稲尾さんを担ぎあげ宿舎まで送り届けるハメに。しかし、あまりの飲みっぷりに一同度肝《どぎも》を抜かれ、その後は妙な尊敬心すら覚えたのだ。

(1) ヒッチ打法円熟期

中利夫さんの就任を、10年ぶりの中日生え抜き監督としてファンは熱い思いで迎えた。ところがキャンプ地として選んだ静岡県掛川市では空っ風に悩まされ、選手も体作りが思うようにできないままシーズンを迎えてしまう。そんな影響からか故障者も続出し、結局Bクラスに低迷する。そんな年ではあったが私にとっては〝ヒッチ打法〟の円熟期であったように思う。守道さんもけがと戦い続けながらも次々と記録を達成していった。守道さんは開幕直後に通算2000本安打、その2日後には通算2000試合出場

を果たしている。この試合、星野仙一が投げ、私も2点本塁打を放ち2対1で巨人に快勝。2人で守道さんの記録に花を添えた。

5月のヤクルト戦、私は鈴木康二朗から顔にデッドボールを受け、そのまま慶応病院へ運ばれる。脳波検査等をしたが幸い翌日からマスクをかぶることはできた。その時、ヤクルトマネジャーから女房におわびの電話が入ったようだがもちろん私は知らない。そんな中で、8月15日には横浜球場大洋戦で通算1500安打を達成している。

なお、この年の11月「江川問題」が発生。いろんな報道がなされたが、私たち選手の共通の思いは「また、巨人が汚いことをしたのか」「巨人のわがまま」「紳士のスポーツへの冒とく」と非難一色であったことは言うまでもない。

(2)「背中に目がある」高木守道さん

1979年(昭和54)小松辰雄(タツオ)、1980年牛島和彦、そして1981年には郭源治と後に中日を代表する選手たちが入団する一方でベテランが姿を消していく。もちろん私も自分の衰えを自覚していたが、1979年9月23日の巨人23回戦、2本塁打を放ち、それまで江藤慎一さんの持っていた球団記録を塗り替え269本とした。そんな中、全ての面で私の目標であった守道さんもユニホームを脱ぐ時が近づいていた。

１９５７年（昭和32）6月、岐阜県立岐阜商業を訪れた長嶋茂雄さんは、高校1年の高木守道さんを見て即座に「素晴らしい。プロに入れ」と勧めたという。しかし、プレーについては、ただ一言、「前に出ろ」と言っただけだ。

前に出るとは、精神的にも技術的にも、マイナスをプラスに転化し物事を積極的に考えていく姿勢のことかと、守道さんは自分なりに考えた。この長嶋さんの一言が、その後の守道さんの精神的支えとなったとすれば、〝名プレーヤー高木さん〟は、長嶋さんが育てたと言ってもいいだろう。１９７４年（昭和49）10月14日、長嶋さんの引退試合となった巨人との最終戦。今では考えられないことだが、この日、名古屋では中日の優勝パレードが行われていて、レギュラーは誰も後楽園へは行かなかった。守道さんはこのことをひどく気にしていた。おわびの電話を入れる姿を今でも思い出す。

１９６０年、守道さんは契約金３００万円で中日へ入団する。その年5月7日、いきなりチャンスがやってきた。7回。代走に送られるとすかさず初盗塁、さらに8回、今度は初打席で初本塁打を放つ。巡ってきたワンチャンスを見事に生かし、その後レギュラーの座を不動のものにしていったのだ。

「抜かれたと思うと、そこには必ずモリミチがいた」。中日の投手がよく口にした言葉だ。守道さんが名手と言われた理由の一つは、投手が投げると同時に、打球が来るであろう方向に移動したことだ。打者が打つ前にボールの軌道を予想し、身体が反応していたのだ。何で判断したのだろうか。それは、捕手のサインから球種とコースを知り、打者のくせを併せ考え予想したのだという。他の二塁手よりも、初動がはるかに早かったのだ。実はこの話はもっと奥が深い。守道さんの先を読む動きを知ると、その逆に打とうとする打者が現れたのだ。巨人土井正三二塁手だ。しかし、守道さんも負けてはいない。読んだコースとは逆方向にフェイントをかけてから動いたのだ。こんな心理戦まで経験している守道さんにとっては、世間が認めるファインプレーも、ごく普通のプレーと映るのもうなずける。

守道さんと言えば、「背中に目がある」と言われたほどのバックトスの名手でもある。捕球したボールをグラブのまま投げるのと、手で投げるのと二つを使い分けていたが、いずれの場合も相手を見ないまま投げるものの、必ず遊撃手のグラブに収まるから不思議だ。毎日毎日繰り返し練習し、5年間かって完成したと聞く。

このような、一つ先を考えてプレーする姿勢は、三塁、遊撃方向に打球が飛んだ時の、一塁へ全速力でカバーリングに入る姿にも表れていた。一塁のカバーリングは捕手の役割であることも多い。しかし、いつも、私が行く前にすでに守道さんが来ている。だから、私は途中から行くのをやめてしまった。

もちろん守道さんは守備の人だけではない。5年連続のベストナイン、2回の盗塁王、そして通算打率2割7分2厘と打者としても一流だった。「ヤマカンの名人」「ボール打ちの名人」と言われたが、実は球種を読むのが非常にうまく、読んだ球は、コースにかかわらず打ちにいったところからこう呼ばれたのだ。ちなみに守道さんは対戦する投手がカウントごとに投げてくる球種を全て記憶していた。

1968年、守道さんは首位打者の大本命と見られていた。しかし、5月28日の巨人戦、堀内の速球が左肩を直撃、さらに、左側頭部コメカミに跳ね返り意識不明のまま病院に運ばれる。幸い大事には至らなかったが、以後、後遺症に悩まされる。さらに追い打ちをかけるように、2年後、再び堀内から頭に死球を受ける。温厚な守道さんだったが、この時ばかりは怒ってヘルメットを投げつけると、それが堀内に当たってしまう。それ以後インコースのボールは1球も来ることはなく打ちやすくなったと守道さんは言う。守道さんが怒って投手に向かって行ったのは後にも先にもこの時だけだ。結局、守道さんが首位打者を取ることはなかったが、不屈の精神で打撃改造に挑み、1974年の優勝に大きく貢献することとなる。

一方、2度もぶつけてしまった堀内は「よく打たれました。名古屋では全然勝てませんでした。高木さんには、いつも、早く打ってくれ、ヒットでもアウトでもいい。ぶつけないうちに早く打ってくれ、そんな思いばかりが先行していました」と語っている。

守道さんについてはもう一つ付け加えなくてはならない。野球の道具を人一倍大切にした。多くの選手は、スパイクは1足だけ持って球場入りする。ところが守道さんは、3足持ち込むのだ。1足は練習用、そして2足が試合用、いずれもピカピカに磨かれている。ストッキングへのこだわりも強かった。試合の度に、新しいものをおろす。おろしたストッキングは、次の日の練習で使うと、そのまま捨ててしまうのだ。若くてレギュラーになれなかった頃の私は、捨てられたスットキングをこっそり拾い、持ち帰り、女房に洗濯してもらい使ったこともある。

ぱっと咲いた花は、パッと散る。
にわか雨はすぐやむ。
君のあみだしたバックトスは、
長い長い飽きることを知らない力がこもっている。
だから、きっと時がたつほど、輝きを増すだろう。
そういう花を、君は咲かせたのだろう。

高木守道さんのスパイクバッグ

1980年（昭和55）、守道さんは現役を引退する。翌年3月29日、大勢のファンが特急電車「さよなら　モリミチ号」を走らせ別れを惜しんだ。

なおこの年、王貞治さんもユニホームを脱ぐ。

9　引退への導師は近藤貞雄監督

プロ野球選手の〝引退の仕方〟はさまざまだ。華やかなスポットライトの中で高々と手を振りながら去る者がいる一方で、人目を避けるかのように荷物をまとめる者もいる。記録への成就感を味わいながら去る者もいれば、無念さをかみしめる者もいる。ただ共通しているのは、引退への引き金は〝必ずしも自分の意志ではないところ〟で引かれる場合が圧倒的に多いことだ。プロであれば当然ではある。しかし、それまでの自分の人生への評価が下されるのだから、感情が顔を出すのも仕方がないことだろう。自分の引退について述べる時、若干そんな部分が出てしまうことをお許し願いたい。私は、近藤貞雄監督の2年目に、引退へのレールが敷かれることとなる。

近藤監督は、私と同郷岡崎の出身であり、戦時中に巨人へ入団、１９４６年（昭和21）には21勝を挙げる速球派投手だった。しかし、その秋、右手中指を損傷、指が曲がったままで伸びなくなってしまったために巨人を解雇される。幸い、終戦後の混乱期、選手不足の球団も多かった。門を叩いた中日が近藤さんを受け入れる。そして、投手不足の状況が、再び投手としてマウンドに立たせることとなる。けがの功名とでも言おうか、中指の代わりに薬指を使い、普通に投げるボールが今でいうチェンジアップとなり、入団4年目には13勝を挙げるほどの活躍をする。その後コーチに転身するが、その手腕にも注目が集まる。１９６５年、板東英二さんを抑え専門として起用したことがまんまと的中した。その後の先発、中継ぎ、抑えに分けた投手分業制への道を開き、投手起用法にこれまでとは違う発想が生まれ、定着する。

コーチ時代から近藤さんは、長所を伸ばすことを大切にしたが、その手法は情熱的であり、少々手荒でもあった。近藤さんは、１９７３年ドラフト1位で入団したタカマサの速球に目を付け、2年目からは1軍に抜擢《ばってき》する。そして7月17日、後楽園での巨人戦、3回から登板したタカマサは、長嶋茂雄さんにこともあろうにカーブを投げ、本塁打されてしまう。宿舎に戻ったタカマサは、近藤さんにいきなり耳をつかまれ部屋へ引き込まれ、正座させられた上、こんこんと説教されるのだ。持ち味の速球で勝負しなかったことが近藤さんの癇《かん》に障ったことは言うまでもない。その後タカマサの速球にはますます磨きがかかっていく。

1981年（昭和56）、近藤監督が誕生する。与那嶺監督で20年ぶりの優勝を決めてから12年。優勝メンバーで残っていたのは、星野仙一、三沢淳、タカマサ、そして私くらいだった。ベテランはいつかは戦線を去っていく。近藤監督は、私たちの去り際を推し測っていたとしてもそれは当然のことだ。

1982年6月30日、ナゴヤ球場での対巨人戦、4対2で中日がリードし9回の表を迎える。マウンドにいるのはこれまで対巨人戦35勝の星野仙一。1死1塁となり打席には淡口憲治。星野にとっては最も相性が悪く、通算では3割3分以上打たれている相手だ。長嶋さんや王さんよりも打たれている。そんな苦手意識が頭をかすめたのか、カウント2—2の後の5球目、外角低めを狙った速球が真中へ行ってしまう。打球は右翼席に飛び込む2点本塁打。121球の好投を、一瞬のうちにフイにしてしまったのだ。星野は、牛島和彦に後を譲り降板する。

無念の思いいっぱいの星野を、近藤監督の言葉が直撃する。実は近藤監督、言葉は柔らかく、遠回しな言い方ながら厳しいことを平然と言う。この時もそうだった。要は「星野はもう先発要員ではない。リリーフに回れ」ということだ。これは、過去14年間先発、完投を生きがいにしてきた〝燃える男　星野〟にとっては、これまでの自分が全て否定された思いだったに違いない。しかも〝たった1球で〟だ。憤懣《ふんまん》やるかたない星野の思いが、私にもびりびりと伝わってきた。先発を外されたうえ、リリーフは牛島の指定席とあってはもう星野の出る幕はない。星野もこの年を最後に現役を引退する。

星野が〝魔の1球〟のために近藤監督から引導を渡される5週間前、私も星野と同じ思いを味わっていた。1982年5月23日、仙台宮城球場での大洋戦。9対6でリードしたまま迎えた9回裏、リリーフに出たタカマサが長崎慶一に満塁本塁打を打たれ逆転サヨナラ負け。リードに問題ありと断罪され、翌日、私は近藤監督から、新人中尾孝義にマスクを譲り、代打に専念するよう告げられる。結局その年、私も19年間着なれたユニホームを脱ぐこととなる。ただこの時、リリーフでは使えないと宣告されたタカマサは、先発に回り見事復活する。1球に泣く者がいれば、1球を次への転機とする者もいる。まさに人生いろいろだ（後述）。

近藤唯之氏は、その著『プロ野球運命の出会い』（ＰＨＰ文庫）で、次のように記している。

――――監督は権力を持っているのだから、選手をどのようにでも動かせる。それは否定しない。ただ近藤のやり方は星野、木俣とも打たれた直後の決断である。星野も木俣も気持ちが大ゆれにゆれている最中に、先発とりあげという大ナタをふるった。
選手がしまった、失敗したと唇をかみしめている姿を眼の前にして、大ナタをぶちこんでいるのだ。大ナタをぶちこまれた星野、木俣ともいまだに、怨《うら》みは消えないと思うのだ。

——

監督に宣告された直後は、このような気持ちになったことは否めない。しかし、私に代わった中尾が、動物的な勘と動き、溌剌《はつらつ》としたプレーを見せ、ＭＶＰに輝いている。また、先発に回ったタカマサも7勝を挙げている。5月23日の近藤監督の決断が呼び寄せたその年の優勝だったともいえるのだ。

ただ、その6年後、近藤監督に「中日には不要」といわれた星野監督、木俣総合コーチコンビで、中日が優勝した。2人が近藤監督に対し意地を示した場面であったのかもしれない。

（1）運命の1球

1982年　大洋戦

5月23日（日）仙台宮城球場　観衆23、000人

中日	320	001	021	9
大洋	000	200	224x	10

勝ち投手　佐藤　１勝　３敗
負け投手　鈴木　２勝　１敗
本塁打　モッカ６号（１回２点古賀）田代７号（４回２点　都）
高木嘉５号（７回１点　都）福島３号（７回１点　都）
木俣　１号（８回１点金沢）大島３号（９回１点佐藤）
長崎　２号（９回４点鈴木）

人生の岐路と思われる出来事はいくつもある。しかし、天国から地獄に落ちる経験はめったにあるものではない。１９８２年５月23日、杜の都仙台で、私は、人生で最も大きな教訓を味わう。そして、２時間48分が、私の人生をも変えてしまうのだ。

６対４で迎えた８回、私は金沢次男から今季初本塁打を打ち７対４、試合を決定づける若葉のごとくさわやかな通算２８５本目の本塁打に、私は、勝利の立役者を確信していた。まさかこれがプロ19年目、最後の本塁打になるとは夢にも思わなかった。

８回からは、都裕次郎に代わり抑えのタカマサがマウンドに上がっていたが、９回も簡単に２死をとり、残るはあと１人。ところが、魔が差すとはこういうことだろうか。私は、ふとヒーローインタビューのことを考え始めた。パフォーマンスは得意なタイプではないが、たまにはかっこをつけるのもいいだろう。「杜の都仙台の青葉のように…」なんて話し始めたらどうだろう。

2死、代打中塚政幸が告げられ、初球を右前打される。続く山下大輔も初球を左前へ。走者が2人となったが慌てることはない。次の屋舗要には長打力がないからだ。しかし、屋舗にも初球を狙われ中前へ。わずか3球で満塁となってしまったのだ。

迎える打者は、長崎慶一。長打力があるが単打なら2点で済む。ところが、マウンドへ歩み寄った私に、タカマサは意外なことを言う。

「木俣さん。長崎は嫌ですよ。敬遠して、次の田代富雄と勝負させてもらえませんか」

「満塁での敬遠？　王さんや長嶋さんだってないだろう。一発だけ気をつけよう」

言い残し、ポジションに戻った私は外のシュートを要求したが、ボールになる。そして、運命の2球目。外の直球のサイン。しかし、次の瞬間、私の頭の中は真っ白になった。何と、内側にきてしまったのだ。快音と共にきれいな孤を描いた白球が、澄み切った5月の仙台の空の中を右翼へと消えていく。逆転満塁本塁打。それからは、夢にまで「にっくき長崎」に付きまとわれることになる。

2死になったとはいえ、ヒーローインタビューを考えてしまった自分の甘さ。油断大敵、勝負は下駄をはくまでわからない、こんな言葉は何度も聞いていたが、まさかこんな形で自分にのしかかってくるとは…。1人で入った居酒屋で、いくら酒を飲んでも酔えなかった。

酒がこんなにまずいものとは思わなかった。ただ、タカマサは今頃どうしているだろうかとぼんやり考えていた。母親の故郷が仙台であり、この夜は縁者が集う食事会が予定されていたとか…。

近藤唯之著『プロ野球　新サムライ列伝』（PHP文庫）

「みんなの気持ちがわかるんです。・・・・飲んで飲んでかつがれて、布団の中に運ばれました。そしたら真夜中に目がさめて、木俣達彦捕手の言葉を思い出しました。打たれて1分後、マスクをかぶっていた木俣達彦さんが私にいうんです。〝孝政、野球で飯を食っている間、いまの試合をお互いに忘れるのよそうな〟って（筆者注　この試合のことを肝に銘じておこうな）――――。真夜中、ここで初めて熱い熱い涙があふれてきましたね」（鈴木孝政）

当時は年間130試合、勝つこともあれば負けることもある。喜ぶこともあれば、悔しい思いをすることもある。でも、今日は今日、そして明日だ、嫌な思い出は引きずらないこと、そんな割り切り方は心得ているつもりだった。ところが、翌日、名古屋に帰った私には強烈な一撃が待ち受けていた。「中日、悪夢を見た」「まさか鈴木が…放心の帰還」。こんな見出しが躍る中で、近藤監督の談話が載っていた。

「打たれた孝政が一番悪いかもしれないが、キャッチャーも悪い。孝政はリリーフ失格、木俣も使わない。これからは代打としてやってもらう」

ヒーローになれるかと思った試合が、一転して私の野球人生を終わらせてしまったのだ。

まさに天国から地獄へ真っ逆さま…。

翌日、ナゴヤ球場で近藤監督に手招きされた私は、告げられる。

「これからは中尾をバックアップしてくれ」

以来、中尾孝義がマスクをかぶり続け、私がバッターの後ろに座ることは二度となかった。

あの日打った本塁打が通算285本、この数字のままでその年のオフ、ユニホームを脱ぐこととなる。

一方、ストッパーの座を牛島和彦に奪われたタカマサは、7月1日巨人戦に先発し、88球での完封劇を演じ、投の柱として復活していく。1球の災いを福に転じたと言っていいだろう。

後日談だが、この試合、勝っていても私のヒーローインタビューはどうやら幻であったらしい。当時の広報担当足木敏郎さんは、先発した都と4安打1本塁打の大島康徳をこの試合のヒーローとして、地元放送局に連絡済みだったというのだ。

(2) 地獄から天国へ移ったタカマサ

「タカマサの球は回転がいいから、ホップしてきた。あんな球を投げる投手はほかに見たことがない。私の知っている限りでは間違いなく、球団史上、最速の球を投げた投手です」

「コマツの球は回転が少なく、ホップすることはなかった。タカマサが快速球なら、コマツは豪速球。タカマサのデビュー当時は、スピードガンがなかったから単純に比較はできないが、私の受けた感じでは、タカマサが速かった」

中日スポーツ　2006年私のコメントより

タカマサは、1973年（昭和48）千葉成東高から、ドラフト1位で入団する。関東では注目される存在ではあったが、甲子園への出場経験はなく全国的には無名であったことが幸いし、中日が単独で指名することができた。1年目は、わずか1試合の登板に終わったが、2年目からは快速球がうなり始める。

8月6日、中日球場での対巨人戦。星野仙一の後を受けて登板した6回、柴田勲さん、王さん、長嶋さんと中軸打者を連続三振に打ち取り、鮮烈なデビューをする。さらに、翌日、同じく6回から登板すると、ここでも柴田さんを見逃し三振、王さん、高田繁さんを空振り三振に仕留め、逆転への流れをつくる。これらは全て快速球で勝負したものであり、スター誕生を印象付けるものだった。タカマサの力投に奮起したナインは、5対3と逆転に成功し、タカマサに初勝利をプレゼントすることとなる。この年、中日は20年ぶりの優勝を飾るが、快速球投手タカマサの登場が、チームを勢い付けたことは間違いない。

1975年からは、3年連続でセーブ王を獲得するなど抑えの大黒柱として大車輪の活躍をする。しかし、毎年全試合の半数近くに登板したつけが、右ひじ痛となって現れる。1978年は、何とか投げ抜けるものの、翌年からはリハビリと立ち向かうことになる。

懸命のリハビリとオーバーハンドのフォームをややサイド気味にすることにより、再び戦列復帰、1981年までに通算96のセーブを積み上げていく。

そして、1982年5月23日、タカマサと私にとっての運命の日がやってくる。この日の〝運命の1球〟が、受けた私にとっては引退への引導であったのに対し、投げたタカマサにとっては現役続行への切符となったことに人生の機微《きび》を感じるのだ。私は38歳、タカマサは28歳の時のことだった。塚田直和編『ドラゴンズ60年を彩った男たち』（鹿友館）にはタカマサの談話としてこう記されている

——正直なところ、ボク自身もあの1球で、もう抑えなどとてもできないなという暗い気分になっていた。抑えに出る舞台というものは、相手チームに勢いがあり、自分にこれをはね退《の》ける気力とボールがないとダメだ。20をこえるセーブを記録していたころのボクにはそれがあった。——

快速球でプロ初勝利を挙げたのが、対巨人戦だったが、ストッパー失格を宣告されたあと、

先発投手としての復活初勝利もまた対巨人戦だ。

仙台での敗戦から40日、3度目の先発となるタカマサがナゴヤ球場のマウンドに立つ。試合前、権藤博コーチは予言していた。

「この試合は絶対に勝ちますよ。これまでの2回も十分、先発の責任を果たしているのだから。気合、球のキレも十分すぎるくらいだし。やりますよ、タカマサは」

（中日スポーツ　１９８２・７・２）

予言通り、タカマサは、緩い直球と１４０キロの直球とをうまく使い分け、88球で巨人を完封してしまう。翌日の「中日スポーツ」には、「入魂の88球」「ヒジ痛克服　変身セーブ王」などの活字が躍っていたが、試合後、タカマサは私に面白いことを告げる。

「この試合で、投球の極意をつかんだような気がします。困った時は、ど真ん中へ緩い直球を投げるんです。拝むような気持ちで」

この試合を契機に、タカマサはかっての快速球投手から、軟投派投手へと変身し、中日投手としては最長の17年間５８６試合を投げ抜くのだ。〝運命の1球〟からも7年余、１１０キロから１４０キロの直球をうまく使い分け、投の柱として活躍する。通算成績は、１２４勝94敗96セーブ、ファンの期待に応える数字を残している。

余談であるが、88球で巨人を完封した試合を伝える「中日スポーツ」2面に、「省エネ7月スタート」の広告が出ていることが、タカマサの完封劇と妙にマッチしている。折しも第

2次石油ショックの後、省資源、省エネルギーが叫ばれている頃だった。

スピード

２０１０年、大リーグでは、チャップマンが１６７キロ、日本では由規が１６１キロを出した。１４０キロのボールは、ホームベース上まで０・４１秒、１５０キロの場合は、０・３８秒で到達する。打者が打つために要する時間は約０・３秒。もし、１４０キロなら、投手の手を離れてから４メートルのところで打ちにいかないと当たらない。フォークボールを空振りするシーンに「なんであんなボールを振るのだ」と思われる場面も多いが、ホームベースにボールが近づいてから振ったのでは到底間に合わない。

木俣が選んだスピード投手

戦前　沢村栄治
30年代　金田正一
40年代　尾崎行雄
50年代　鈴木孝政
平成　伊良部秀輝
中日　①に鈴木孝政　②に小松辰雄

スピード余談

２００８年、女子ソフトボール日本チームが沖縄北谷でキャンプを張った。私が捕手の指導を頼まれ出かけた時、エース上野由岐子の球を受ける機会があった。実際の速度は１２０キロ台だと聞いたが、タカマサやタツオの全盛期と同じくらいの速さを感じた。私も打席に立ってみたが全く打てなかった。余談の余談を。その年の８月、北京オリンピックで日本は金メダルに輝くが米国相手の決勝戦で上野は初めてシュートを使う。それまでシュートを投げる投手はいなかった。そこに目を付けた上野は、米国戦で使うことだけを目指し、オリンピック開催2年前からシュートの練習を始めたという。

指導する上野（左から2人目）右端木俣＝岡崎商業高校で

（3）最後の試合

１９８２年　大洋戦

10月18日（月）横浜球場　観衆３０、０００人

中日　０１４　０００　３００　８

大洋　000　000　000　0
　勝ち投手　小松　4勝　4敗　9セーブ
　負け投手　金沢　5勝　4敗
　本塁打　谷沢21号（2回1点　金沢）

木俣捕手　何となく寂しい気もしますが、優勝できたことはやっぱりうれしい。胴上げも最高でした。

星野投手　もう最高。よかった。自分で投げていたら、もっとうれしいかもしれないけど、みんなガタガタの体でよく頑張ったよ。最高だ！

「奇跡、死力V」「竜の舞い　8年ぶり」、翌日の中日スポーツ1面は、中日8年ぶりの優勝を伝え、2面にはコーチや主力選手の〝ひとこと〟が掲載されている。この試合を限りに引退する2人のコメントだ。

この試合はシーズンの最終戦、まさに最後の一戦で優勝が決まる歴史的な日でもあった。それだけに選手への重圧

昭和63年優勝時の記念ペナント

は並大抵なものではない。そんな時に近藤監督は秘策を打つ。何と試合前のミーティングにビールが用意されていたのだ。こんな大試合、緊張するなと言う方が無理だ。その緊張を少しでもほぐすようにと用意させたのだろう。その効果だろうか。2回、谷沢が重圧を跳ね返すように先制21号を放つと、モッカ、大島らがタイムリーを重ね大量8点を取る。一方、開幕戦以来の先発のタツオも2安打に完封してしまう。

リードを広げた終盤、近藤監督は私に「最後のマスクはどうだ」と誘いかけてくれた。しかし、出番なんてあるわけがないと決め込んでいた私は、堂上照、三沢淳らとミーティングに出されたビールを片付ける係に徹していたので丁重にお断りした。

中日優勝の影に隠れてしまったが、この試合にはもう一つ大きな意味があった。田尾安志と長崎慶一との首位打者争いだ。逆転を賭けて臨んだ試合だったが、長崎は欠場、田尾はストライクは1球もなしの5打席全てが敬遠の四球。3割5分の高打率の田尾であったが9毛差で首位打者を逃がしてしまう。

あの試合以来30年、今、当時の中日スポーツを見ると当時の世相が透けて見えてくる。各地の様子を取材した記事が面白い。

網走刑務所　場内にラジオ放送が流れ、普段は9時までの放送だが今夜は延長も…。

自民党総裁選候補中川一郎事務所　うちはそれどころじゃありません。えっ、中日が5対

0で勝ってる？　うちもあやかりたい。

おふろ屋松乃湯　女湯の50人はせっせと身体を洗っているが、男湯の20人は全員が脱衣場のテレビの前で裸の観戦。

池田高蔦監督宅　テレビ見とります。でも、プロに関するコメント勘弁願いますわ。

風俗店・千姫　あかんわ。野球のおかげで客が普段の2割もきてくれん。

与那嶺要宅　やはりベテラン谷沢が打ったね。ボクのときも、そうだったよ。

後楽園球場　日本ハムにつづき巨人も優勝を逃す。うまくいけばとシリーズ用に用意した入場券20万枚（7億円）は紙くずに…。

（4）そして引退

1982年（昭和57）の日本シリーズは、西武に2勝4敗で敗退。私は4試合に出場するも3打数ノーヒット。そ

して、11月1日、引退を発表する。2142試合出場という記録を胸に…。続いて11月29日、星野も引退を発表。
私の引退については、ありがたいことにいろいろな方が取り上げてくださっているので、それらを少し引用させていただく。

足木敏郎著『ドラゴンズ裏方人生57年』中日新聞社
——近藤貞雄監督が鈴木の抑えに見切りをつけ、先発に転向させてしまったからです。マスクをかぶり続けていた木俣達彦も、その試合を最後に代打専任となり、この年限りで引退しました。
あの試合は、ドラゴンズの球団史を飾った2人の名選手の運命を変えさせたのです。それほどショックな敗戦でした。——

塚田直和編『ドラゴンズ60年を彩った男たち』鹿友館
——昭和56年、中尾孝義が入団、最高殊勲選手と

愛用のヘルメット

なる働きでチームが優勝すると、「木俣の時代は終わった」といわれた。その声に押し切られるように、本人は引退を決意した。本心はあと124本までできていた2000本安打を、どんなに欲しかったことか。

右の代打を中心に、彼のバットはチームにとってもまだ利用価値があったはずだ。

中尾は、57年の輝きだけで終わってしまったことを考えても、木俣の引退は早すぎた。

〈表―2〉歴代捕手の出場試合数

		実働年数	出場試合数	通算安打数	通算打率
1	野村克也	26年	3017	2901	2割7分7厘
2	＊谷繁元信	22年	2534	1810	2割4分3厘
3	伊東　勤	22年	2379	1738	2割4分7厘
4	木俣達彦	19年	2142	1876	2割7分7厘

＊谷繁の記録は、2010年末現在

（5）背番号23は川又米利へ

川又米利の通算成績は、2897打数771安打、打率2割6分6厘、74本塁打である。〝王二世〟と騒がれ、1979年（昭和54）早稲田実業（早実）より入団するが、数字だけを見ればそれほど活躍したようには見えない。しかし、川又もまた球団史上に残る名選手の一人なのだ。

川又は、名門調布リトルリーグで、鈴木英夫監督からプロ野球に進むための打撃の基本を徹底的に鍛えられる。早実に進学してからも、鈴木監督の家へ通い続け、その練習は中日入団まで続いたという。自宅から高校、グラウンドへ、さらに鈴木監督宅へ、そして自宅へ。「中日スポーツ　ドラゴンズ70周年特集」ではこの移動距離を57～58キロと計算しているが、これを3年間続けたこと自体驚異的だ。

川又はこう振り返る。

早実時代はとにかく朝から晩まで野球あるのみといった生活で、早朝6時前にかき込むように朝ご飯を食べ、身支度もそこそこに家を出る。朝練の後、睡魔と闘いながらの授業を終え、終了のチャイムとともにダッシュで駅に向かい、何駅か先の早実専用グラウンドに。野球部の練習の厳しさは言うまでもないが、それは電車に乗った瞬間から始まる。1年生部員には「空いている席があっても決して座らず、吊皮《つりかわ》にもつかまらず、電車が揺れても直立不動でいること」が言い渡され、しかも、乗る車両まで指示されていた。隣の車両から上級生が監視する中、1年生は3列に並び必死に立っていた。2年生になると吊皮を持つことは許されたが、着席はダメ。3年生になりやっと着席できるようになったが、頑張る後輩の姿を見ながら「がんばれ。早実魂はこうして培われるのだ」と思い続けていた。

早実の練習が終わると今度は鈴木さんの自宅へ向かい、地獄の特訓だ。夏は練習着が絞れるほどの汗をかき、冬は汗が湯気になるまでしごかれた。疲れ切った体で帰宅するのは0時近く。一気にご飯をかき込み、寝る。夏休みも冬休みも全くなかった。


入団した川又は、頭角を現すのも早く新人の年に46試合に出場し、〝王二世〟へ期待を膨らます。しかし、1軍と2軍の間を往復する5年間が続き、1985年やっと1軍に定着するもののレギュラーの座を取るまでには至らなかった。打撃では抜きん出ていても、他の面では後れをとってしまったようだ。

そんな川又が、自分の進む道として〝代打〟の醍醐味を感じたのが1991年4月6日、東京ドームでの対巨人開幕戦だった。7回、2点差を追って2死三塁、星野仙一監督は、正捕手中村武志に代え、川又を送った。そんな賭けに応えるかのように、川又は同点本塁打を放ち、その後の逆転勝利への流れをつくる。しかし、川又が代打への生きがいを実感したのはこの試合そのものではなかった。ナゴヤ球場に戻った日の試合、「代打川又」が告げられた時の観客のどよめきを聞き、そして、物凄《すご》い拍手を浴びた時だという。

「当たり前のことだけど、いつもいつも調子がいい訳じゃないし、打てるわけじゃない。

でも、あんなお客さんの反応は、たまらなく好きだった。先発で出ていたら、味わえない。期待にこたえなきゃ！という気持ちにもなれた」（「中日スポーツ」ドラゴンズ70周年特集）と語っている。

川又が残した大きな勲章、それは「代打16本塁打」であろう。セ・リーグ歴代2位の記録だ。在籍18年、残した数字以上に周囲から慕われた男だ。

クセがなく教科書通りだった川又の打撃フォームは、長嶋茂雄さんをして「日本一美しい」と言わしめた。このことについて三枝夫人がこんなエピソードを綴《つづ》ってくれた。

――入団当初からバッティングフォームについては定評があったらしいのですが、ある日人づてに「長嶋さんが『川又君のフォームは実に綺麗《きれい》ですね～。まさに教科書通り。ブックですね～』って言われてるらしいよ」と聞かされました。東京出身の主人にとってジャイアンツの長嶋さんは神様のような存在。グラウンドで長嶋さ

練習に励む川又

んの近くに行っただけでも、余りの緊張でただオロオロしてしまうほどの人物です。そんな長嶋さんが「僕のことを『ブック』と呼んで下さるとは！『フォームが綺麗』と言って下さっているなんて！」と、まるで特別な称号でも貰《もら》ったかのようなうれしさだった様です。（中略）

野球解説者になりテレビ局の仕事で長嶋監督にお会いする機会がありました。スタッフから主人が長嶋さんの大ファンであることを聞かされた監督は「それじゃあ、皆さんで一緒に写真を撮りましょう～」と。主人はまさに天にも昇る心境だったと言っていました。するとと長嶋監督が「いや～社長～どうもどうも」と言いながら主人の肩をトントン。「エッ？僕のことを社長って…」。何で？　川又＝ブック＝社長？　イヤ理由よりも『社長』というフレーズがまた一つ増えたことの方が凄《すご》い。それからというもの、長嶋監督にごあいさつをするたびに「オッ、社長～」そして時には「イヤ～川又君」という感じで声を掛けていただき、その度にうれしくて仕方がなかった主人ですが、できる事なら「川又君はブックですね～」と長嶋監督の口から直接聞きたかった様です。――

背番号23　66　84

背番号23を付けていた選手は、過去15人、今までに67年間着用されている。その中で私が19年間、川又が15年間付けていた。ポジション別では、投手が5人で最も多い。現在

（2011年）は、鈴木義広投手が付け7年目になる。私は引退する時、球団に「川又に23を」と言い残し、川又もまた調布リトルリーグの後輩関川浩一への移行を申し出たそうだ。

落合監督の66番は、過去14人計43年間しかない。コーチが付けていたことが多く5人が数えられる。私も星野監督時代コーチとして1989年から3年間付けたことがある。監督としては落合が初めてだ。また高木監督時代に打撃コーチの私が付けた84番は1990年ごろから使われ始めた新しい番号だ。

(6) プロ野球選手の女房　―川又三枝さんの記録より―

主人は試合が終わって帰宅してからも、マンションの駐車場でよくバットスイングをしていました。0時近くの誰もいない静まり返った空間に「ブン、ブン」と言う音だけが響き、一振りごとに軌道を確認し何かを感じ取っている姿。ついさっきまで大観衆の中でプレーしていた華々しさとは対照的な光景。でもこれぞバックヤードの醍醐味と言った感じで、イオン飲料とタオルを差し入れに行った私はそれを静かに見ていたものです。幼いころからの「練習の虫」はプロになってもその姿勢を崩さず、決して慢心する事なく野球と真剣に向き合う。「主人の努力が必ず報われる様に私も最大限のサポートを」と言う思いを改めて心に刻む瞬間でもありました。

私はシーズン中、主人に頼まれてテレビで打席に立っている場面を録画していたものですが、チャンスの場面になると1球ごとにハラハラドキドキの連続で、画面の前に座ってリアルタイムでそれを直視することができませんでした。ドラゴンズがまだナゴヤ球場を本拠地としていた頃、私たちはベランダからグラウンドの照明が見えるほどの近距離に住んでいたので、主人の打席が回ってきたらビデオデッキの録画ボタンをサッと押し、テレビ画面のスイッチを切る。そしておもむろにベランダに出て球場の方向を見つめながら、風向きによってはしっかりと聞き取れる応援歌に耳を傾ける。夜中にバットスイングをしている姿を思い出し「絶対大丈夫」と手を合わせて祈りながらジッと待つ…。そして割れんばかりの大歓声が球場全体から聞こえた瞬間「打ったんだ！」と。その直後からはテレビを見ていた知り合いや友人からの電話が次々とかかってくるわけで。それからやっと安心してビデオで打席を確認。フゥ〜。裏方の私も人知れず一打席ごとに結構エネルギーを使ってましたね。野球選手の奥さんて結構大変なんです。

10　ちょっと一休み　〜野球川柳〜

さすがオチ　アメリカ打って　億のかね

１９８９年　前年優勝したのに年俸の上がらなかった落合は、この年タイトル獲得。日米野球ではアメリカ№１スチュアートから２本のホームラン。

気がかりは　ドラのニュースと　中東だ
イラクがクウェートへ侵攻したことにより中東情勢が緊迫化。

与田君に　おんぶにだっこ　ドラ坊や
与田剛が１５０キロの速球で新人王に。全力投球でないと制球が定まらない与田は、燃え尽きるのも早かった。

違約金　対日赤字に　貢献し
１９９０年に入団したディスティファーノは、暴力が絶えず２年契約が１年でクビ。しかし、契約金は払わなければならなかった。

曇り空　雨乞いするは　池田さん
クソ亭主　行きつ戻りつ　５割川
ほしいのと　いうより白星　獲《と》りに行け

１９９０年は好スタートを切るも8月に息切れ。投手陣の総崩れに投手コーチの池田英俊さんも頭が痛かった。

ドラ踊り　三歩進んで　二歩さがる
5割川　近くて遠き　夢の川

ドラ踊り　進むと思えばまたもどり

　１９９１年も好スタートするが、またもや息切れし星野監督は辞任。

センロック　飲んでだめなら　縫ってみろ

星野監督が第一製薬のＣＭ「センイチさんのセンロック」に出ていた。胃薬だ。

投破壊　ボンドでつける　打つ手なし
やれ打つな　竜が手をする　足をする
売れ残り　ドラゴンズグッズと　不動産

　１９９５年は投手陣が壊滅し、故障者も続出。50勝80敗、勝率3割で高木監督辞任。

中日とかけ　夜店の金魚ととく

その心は　すくいようがない

ドンヨルに　日本が忘れた　こころみる
ゆく秋に　平和祈りて　落ち葉たく
日本の　平和の極み　プロ野球
　１９９７年はドーム元年。

ジャイアンツ　白星食べ過ぎ　腹こわす
サイトウと　名前聞いたら　眠り竜
夏の陣　玉砕あるのみ　巨人戦
　東京ドームではさっぱり目が覚めない。

タイガース　瀕死の竜が　特効薬
トラとドラ　点の数だけドラ勝った
　阪神とは持ちつ持たれつ？

打たれたら　また２軍かと　やけっぱち

星野と私のイラスト。ゴトー竜さん筆

バラ色の　オフは望めぬ　Bクラス
おおみそか　懺悔《ざんげ》で1年　清算し
死んだ竜　来季の夢を　沖縄に
　いろんな思い出とともに1年を締めくくる選手たち。いつも前向きで行こう。
　そして、送る言葉は、
光る汗　球児見習え　ドラナイン

負け戦　犬に当たって　かみつかれ
負けた夜　ラジオぶつけて　やつあたり
　こんな時もあった。でも、ファンもやせ我慢。

このごろは　好み変わって　白大福
V決まり　今日からペットは　しらけ鳥
空手なら　黒は強いと　やせ我慢
　時には「予想」のせいに。

当たらぬは　予想はうそよと　煙に巻き

しかし、やはりドラが好き。

七不思議　負けても満員　ドラファン

感謝せよ　ドラで腹立つ　幸せを

そんな中でもっとも心やすまるのは…。

ゲームなし　パパにこやか　ママ安心
なんだかんだと言いながら…。

中スポが　なくて一日　始まらぬ
とどのつまりは。

ドラと泣き　ドラと笑って　年をとり

ハイ、お粗末でした。

そして、私は、
消しゴムで　消したい日々に　鍛えられ
あっという間の19年でした。

第Ⅲ章　捕手の誇り

オーストラリア・シドニーのオペラハウスを背景に

1 投手の個性とリード

捕手生活19年間の中で見てきた中日の投手を取り上げる。まず〝投手分類〟だ。

〈図―3〉木俣流中日の投手分類

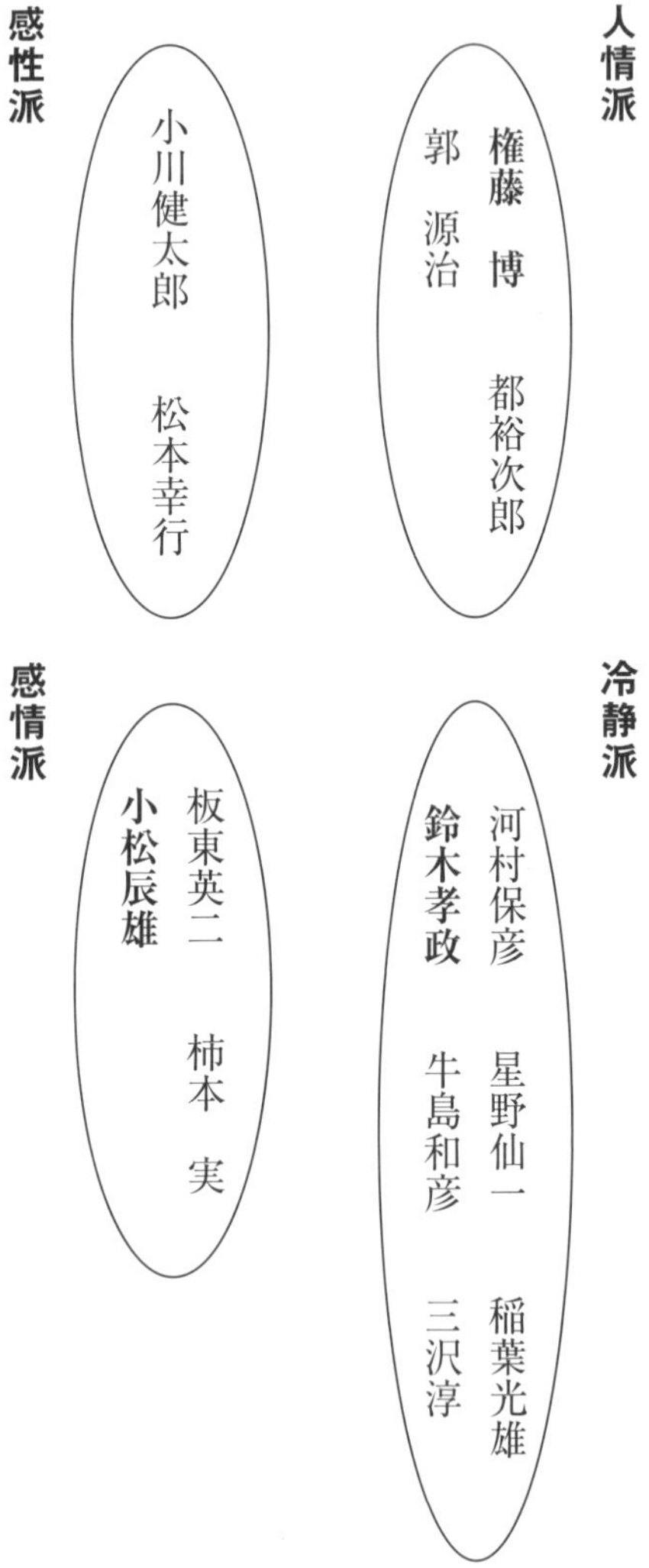

（1）人情派

人情派は、監督のためならと意気に燃え投げ抜くタイプだ。代表的な投手は権藤博さんだ。1961年（昭和36）入団した権藤さんはその後の2年間で130試合に登板、完投55、完封18、65勝36敗と驚異的な数字を残す。しなやかで弾力的な足腰を使った投球は、おそらく150キロを超える直球を投げていたと思われる。しかし、2年間の酷使がたたり、その後の3シーズンでは17勝24敗と完全に燃え尽きていた。塚田直和氏は『ドラゴンズ60年を彩った男たち』（鹿友館　1995）で、こう紹介している。「濃人さんは、『肩やひじが痛い』と言うと『たるんどる』で終わり。さらしを巻いて、特攻精神だった」

都裕次郎は、1977年（昭和52）に入団し3年目から先発ローテーションに定着。1982年には16勝5敗の成績を残し優勝に貢献する。しかし、2年後の13勝（8敗）を最後に、思うように投げられなくなる。原因は腰や肩の

前列左が都　右はタカマサ

けがが相次いだことだが、「行け」と言われればいつでもマウンドへ向かう投手だった。合宿所の鏡の前で、毎日1時間は牽制球の練習を繰り返す努力家でもあった。一方、遠征に出る時は、野球のアンダーシャツの上にワイシャツを着て行き、グラウンドに出る時はワイシャツをユニホームに代えるという他の選手では考えられないような行動をしていた。汚れたアンダーシャツは球団で洗濯してくれるから一石二鳥だったのかもしれない。都はドラフト1位での入団だったが、初めてボールを受けた私は「これはだめだ」と感じた。直球は遅く、変化球も切れが悪い。どうしてこんな選手をとったのかスカウトの法元英明さんに尋ねた。法元さんいわく、「くそまじめな男だ。走れと言えば一日中走っている。その努力が必ず実を結ぶはずだ」。事実3年目から開花したが、私の出すサインに首を振ることは一度もなかった。「木俣さんのサイン通りに投げれば自分は勝てる」、そう感じたのか目を輝かせサインをのぞき込んでいた。

郭源治は、1981年（昭和56）に入団。1982年からは4年連続2ケタ勝利を挙げる。その後、牛島和彦の抜けた穴を埋めるため抑えに転向、在籍16年で106勝106敗116Sを残す。私が捕手としてボールを受けた試合数は少ないが、コーチ時代の1988年、郭は弟を交通事故で亡くしてしまう。その時星野監督から「ゲンジ、弟が空から見ているぞ」と声を掛けられた。これを機に郭は「ボクはこの人を必ず優勝させたい。そのためならカラダが壊れてもいい」と奮起した。

これに対し、本人が持っている性格そのままの投球をするのが感情派だ。感情派はイケイケ派と言ってもいいだろう。

（2）感情派

板東英二さんは1959年（昭和34）に入団している。高校時代の実績が大きく評価され、同期入団の王貞治さんよりも200万円多い2000万円の契約金だったと本人が言っている。巨人キラーとして活躍し、プロ11年間で通算77勝65敗の成績を残しているが、1960年代後半には「投手分業制」を提唱する近藤貞雄コーチに勧められ、抑えに転向、リリーフエースとして活躍する。しかし巨人の宮田征典さんの影に隠れその実績には日が当らなかった。天性とも言える「話し」の部分だけが際立ったことも一因だ。巨人戦にリリーフ登板し、迎えた打者を1球でショートゴロに打ち取り降板、これにより1球勝利投手という珍記録を持っている。私も入団3年目、その場面に遭遇した。異色のキャラクターと言ってもいい。もちろん投球も性格丸出しだった。

板東さんは、王さんには打たれたものの、直球、フォーク、カーブだけで、長嶋さんを抑えていた。長嶋さんは述懐する。

「板東はいつもにこにこしている。あの顔でマウンドに立たれると、集中力も真剣さもどこかへ飛んでしまう」と。
決め球はフォークだった。一方カーブは思うように曲がらない。したがって私としては最も投げさせにくい球だった。ところが板東さんは「カーブを投げさせろ」と盛んに要求してくる。その訳を尋ねると、「板東はカーブも投げると打者に印象付けるだけでいい」と言うのだ。その分だけ打者としては狙い球を絞りにくくなると思ったのだろう。

柿本実さんは、1960年（昭和35）南海へ入団するが1試合に登板しただけで翌年中日へ移籍。オーバースローからサイドスローに転向したことにより開花、2年連続で20勝をマークするなど主力投手陣の一角を占める。在籍5年間で68勝60敗の成績で阪急へ移籍する。移籍のきっかけは長嶋茂雄さんへのシュート。打者に向かっていく投球は柿本さんの強気な性格そのものだった。

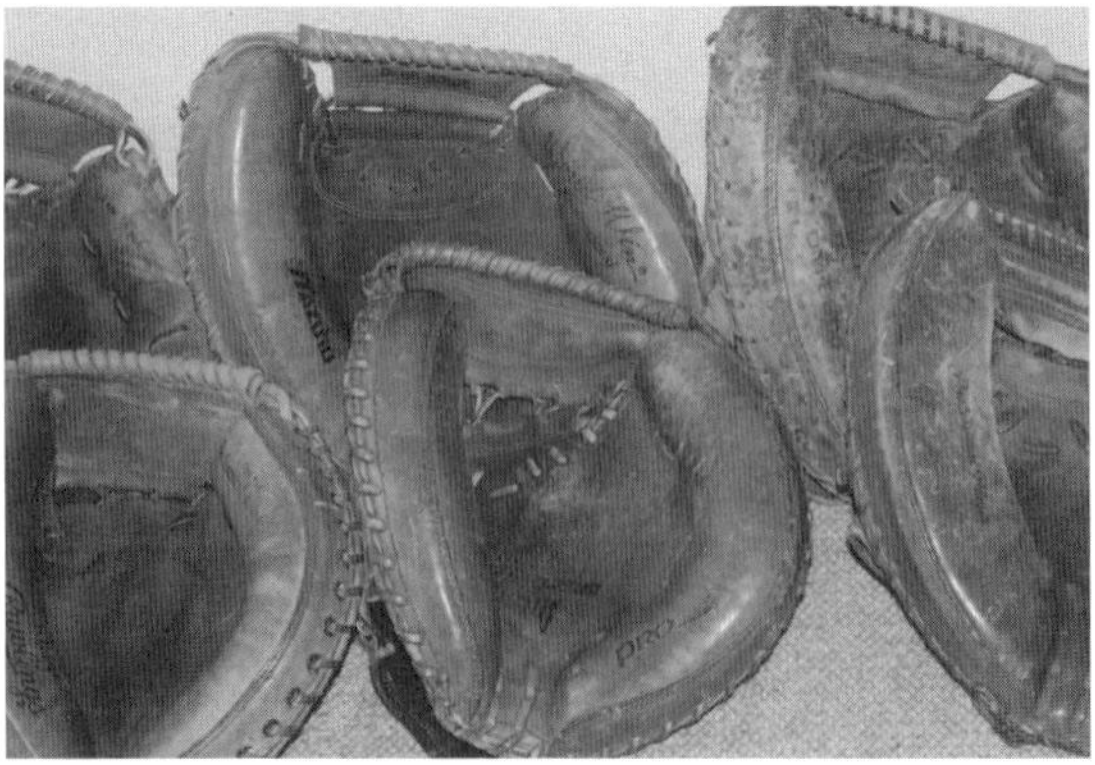
現役時代に使用した各社製のミット

小松辰雄（タツオ）の気の強さを伝えるエピソードが2つある。1982年、タツオは開幕投手を務めながらその試合で故障し2軍落ち。復帰したのが最終戦だった。周りの不安もどこ吹く風、「先発はオレしかいない」と豪語し、見事8対0で大洋を完封し優勝を決める。また、ドラフト2位指名を知ると「話にならん」とうそぶいたという。

タツオは1978年に入団するが、当初はリリーフだった。1981年に先発へ転向、その後、最多勝、最優秀防御率、最優秀投手、沢村賞など数々のタイトルを獲得。通算17年、122勝102敗の成績を残す。しかし、現役時代はけがとの闘いでもあり、万全な体調であれば途方もない成績を残したことと思われる。入団当初から、150キロ台の速球を連発し、最速は154キロだった。そのスピードの源泉は、300キロ以上のずば抜けた背筋力にあった。さっぱりとした性格で後輩からの信望も厚く、マウンドさばきは親分そのものだ。私が受けた投手の中では、快速球のタカマサと剛速球のタツオが双璧だ。

タツオは私のサインに一度も首を振ったことがない。投げたくない球に首を振ればまたサインを待たなければならない。それが自分の投球リズムを崩すというのだ。タツオが引退後私に「投げたくない球を要求された時は、わざとボールにしましたよ」と言ったのを聞いて絶句したことがある。感情派の投手たちは捕手のサインよりも自分の投球パターン、投球リズムを重視するのだ。

(3) 冷静派

非常に冷静な投球をしたのが、星野仙一らの投手だ。「星野が？」と疑われるかもしれないが、私の目からは極めて〝冷静派〟なのだ。このことについてはこの章の後半で詳しく述べる。

カーブ、スライダー、シュート、シンカー、フォークとあらゆる球種を投げたのが河村保彦さんだ。同期が15人もいる中で「投の板東英二、打の江藤慎一」と騒がれたことが河村さんを「何クソッ！」と言う気持ちにさせてくれたと述懐する。選手をたくさん取ってその中で1人でも2人でもモノになればいいという当時の状況の中で、冷静に自分自身を見詰めることも求められたのだろう。中日では通算9年で、62勝67敗の成績だが、中にはこんな年もあった。1963年（昭和38）の阪神戦、中盤までリードしシーズン20勝を目前にした時、杉浦清監督から、「新人の加藤斌に初勝利を付けさせたい。代わってくれ」と告げられる。河村さんは黙ってボールを監督に渡すのだ。20勝投手の夢は消えてしまった。河村保彦さんとは江藤慎一さんの次に同室だったが、実に紳士的な方だった。あらゆる変化球を投げた河村さんだが、最も生きていたのがスライダーだった。

軽量にもかかわらず、キレのよい直球と、スピンの効いた落差の大きいカーブで活躍したのが稲葉光雄だ。立位前屈では腹が地面に着いてしまう抜群の柔軟性が、「ピッチングではステップした左足とプレートの軸足との幅を広げ、リリースポイントを前にし、伸びのある球が投げられる」と本人は言う。１９７０年（昭和45）入団で、2年目には20勝を挙げ、在籍6年46勝50敗の成績を残す。後日談になるが、中日時代は「カーブと真っすぐだけ。後は闘争心」と言っていたが、阪急に移籍後は、スライダー、フォークを覚え17勝を挙げている。稲葉は私が受けた中日の投手の中では最も素晴らしいカーブを投げていた。私はボールが先行し打者が直球を狙ってくるカウントでカーブを投げさせた。稲葉は現役当時から自分の投球フォームを理論的に説明するなど指導者としての素質も十分だった。余談だが、稲葉は今、中日若手投手陣の中で大きな期待が掛かる伊藤準規の指導に力を入れている。私は伊藤を父親に頼まれ中学2年、3年と指導したが、細身の体で体力的に不安があった。そこで私が要求したのは「走る」こと。今の中日全選手の中では長距離走ではトップだそうだ。稲葉コーチの指導に大きな期待を寄せている。

快速球を投げた鈴木孝政については、前章で詳しく述べているのでここでは省略するが、理論家であり分析力も鋭い。とりわけ技巧派へと転向した後のピッチングは冷静そのものだ。「バッターはごまかせてもボールはごまかせない」との言葉の中にタカマサの真髄を感じる。タカマサには速球という大きな武器があった。いざという時には真っ向勝負が可能な数少ない投手だった。

牛島和彦は、私がボールを受けた中日投手陣の中で最もテクニシャンだ。1980年（昭和55）の入団以来1軍のマウンドへ登り、翌年からはタカマサ、タツオの後を継ぎリリーフエースとして1982年の優勝に貢献する。そして、1986年落合博満獲得のためのトレードが発表されるも納得せず、最後は星野監督の説得でやっと移籍する。中日6年在籍で33勝39敗77セーブの記録が残っている。牛島は「150キロの速球を投げられるわけでもないし、絶対的な変化球もない」と言うように球速、球威で勝負するのではなくあくまでも頭で、しかも大胆に勝負した。入団3年目早くも牛島の本領発揮の場面が訪れた。5月8日、ナゴヤ球場での対巨人9回裏、4対1で中日リードだが2死満塁のピンチ、牛島はフルカウントから強打者ホワイトに、低めいっぱいからボールになるフォークボールを投げる。見送られれば四球、ピンチはさらに広がる。しかし、ホワイトは空振りし、ゲームセット。試合後牛島は解説する。「ストライクの打たれる確率は五分。打ち気にはやる打者ならボールでも振る確率は十分の一。こちらに賭ける」と。小柄ではあったが度胸は据わっていた。その度胸も冷静に現状分析する頭脳に支えられたものであったのだ。多くの投手は捕手を見て投げるが、牛島は打者を見て投げていた。江夏豊と同じだ。「自信のない打者は顔を見れば分かる。こんな打者には弱い所へ何度投げても打たれない」との言葉はそれを裏付けている。一方、間合いは長かったが、それにも牛島なりの理由がある。打者を熱くさせるのは簡単だが、自分が熱くなってはいけないとの戒めだったというのだ。冷静派の典型だったと思う。現在でも野球関連の漫画に流用されるエピソードがある。コーチの稲尾和久さんから「9回2死満塁、フルカウント」で投げる球を問われ、「分からない」と答える。続けて、「フルカウントになった状況、経緯、点差が分からなければ最後の球も決められない」と持論を展開する。これがルーキーの年であったことからも牛島のセンスを垣間見ることができる。牛島和彦の決め球はフォークだ。前述したようにフルカウントからでも度胸よくフォークを投げ込んでくる。しかも、ストライクゾーンからボール2個分下にコントロールされてくるのだ。

冷静派の投手たちは、自分の決め球を持ち、自信を持ち投げ込んでくる。したがって私の役割は、彼らが今何を考えているかを推し測りつつ、決め球に持っていく組み立てをどう考えるかだった。なお三沢淳については後述する。

(4) 感性派

人情も感情もそして冷静さも飛び越え、己の思うままに投げるのが感性派だ。ここに入る選手は極めて少ないと思うが幸いにも私は2人の投手と出会うことができた。小川健太郎さんについては前章までで触れてきたが、ここで少し補足する。下手投げの小川さんは鋭いシュートとスライダーを両サイドから低めに投げ込み在籍7年、95勝66敗、1967年（昭和42）には29勝、翌々年には20勝を挙げ押しも押されもせぬエースだった。「プロで目いっぱい働きゼニを稼ぐ。体には自信がある」と公言し中日へ入ったのが29歳。その言葉通り年を感じさせない体の柔らかさは〝背面投げ〟を考案した。披露はされなかったが〝股間投げ〟も編み出している。生活態度と同様に投球も自由奔放だった。

松本幸行は高校卒業後ノンプロを経て1969年（昭和44）入団。在籍10年、98勝89敗の成績だが、勝ち星のうち28勝が阪神からであり阪神キラーとして名を残す。1973年8月30日に江夏豊にノーヒットノーランを達成された時に完投したのが松本であり、その悔しさがばねになったようだ。荒れ球とシンカーを武器に、打たせて取るピッチングが特徴だったが、シンカーと言うよりも、肩の引っかかりが悪いため速球が落ちていたと言った方がいい。投球間隔が短く「早投げ」「ちぎっては投げ」と形容され、サインを見ていないのではないかとも問われると、本人は「キャッチャーからの返球を受けている間に見ている」と答えている。確かに、サインを出していた時期もあるが、ランナーがいない時はノーサインでありは松本が気の向くままに投げていたのが事実だ。ただ球が遅かったので捕手の私は捕りやすかった。そんな中で最も短かった試合が1973年5月21日富山での大洋戦、0対2で敗れるものの試合時間は1時間22分。今では嘘《うそ》のような短さだ。ただ残念なのは、小川さんも松本も晩年は極めて不遇だったことだ。

小川健太郎さん、松本幸行は自分の思うままに投げる投手だった。当然ながらサインに首を振ることは日常茶飯事だ。それどころか投手にリードされているような錯覚を持つこともある。しかし、思うままに投げる中に思わぬ配球のヒントがあった。

さまざまなタイプの投手の球を受け、私なりに感じたことがある。それは一流と超一流の違いだ。捕手のサイン通りに正確に投げれば10〜13勝の一流投手になれる。しかし、捕手のサインに頼らず自分の考えで投げるようにならなければ超一流にはなれないということだ。

（5）速球派と技巧派

そしてもう一つ。分類表に戻っていただきたい。いわゆる〝速球派〟と言われるのは、権藤博さん、鈴木孝政、小松辰雄しかいないのだ。その権藤さんも私が入団した時には、酷使のつけが回りその速球には威力が感じられなかった。タカマサやタツオが登板する時には、真ん中を存分に使ってのリードが組み立てられる。しかし、それ以外の投手が登板する時には両サイドを使うリードに頼らざるを得ないのだ。現役時代「木俣は弱気のリード」が欠点だとよく批判された。自分の球威のなさを棚にあげ、私の「リードの悪さ」に責任を転嫁する言葉を何度も聞いた。また、敗戦の責任を一身に負わされることも何度か経験した。制球と変化球が命の〝技巧派〟投手を大勢抱えた私が選択する道はただ一つ、バットからできるだけ離れた所へ投げさせる〝逃げのピッチング〟を要求することしかなかったのだ。こういう攻めには欠かせない〝見せ球〟を要求することも多かった。ただ、この見せ球がど真ん中へ入るととんでもないことになる。タカマサの投げた〝運命の1球〟はまさにこれだった。しかし、悪者にされようと、責任を負わされようとそれを弁解することができないのが捕手の立場なのだ。塚田直和氏は『ドラゴンズ60年を彩った男たち』（鹿友館）で、私の気持ちをこう代弁している。

——昭和57年、中日3度目の優勝を花道に引退した木俣に、なぜあそこまで耐え続けたのか、たずねてみた。

「逃げるピッチングが正解なんだ、などと僕が言ってみなさい。うちの投手たちは片っ端から自信を失ってしまいますよ。どんなヘナチョコ球威しかなくたって、投手はプライドが生命なのです。捕手は、現役のうちは、ほんとのことを言ってはいかんのです」

捕手稼業では監督や投手コーチの言に常に耳を傾け、忍耐の人だった・・・・——

今年の夏、谷繁元信と話す機会があった。40歳を超えながらも捕手陣の中では他を寄せ付けない存在感を示している。数々のけがや故障とも闘いながら、谷繁が捕手の座を守り通している理由は二つある。一つにはウエートトレーニングによる筋力強化だ。そのきっかけは「大きい選手には負けない身体をつくることだった。その効果は「肘《ひじ》が痛いと思ったのは一度だけ。肩も調子の良し悪しはあるが、数年前からはなぜかこれまで以上に調子がよくなった」と本人が言うほどだ。その言葉通り、捕球し、投げたボールが二塁へ届くまでに要する時間は1・8秒台、中日捕手陣には誰もいないし12球団を通しても抜群だ。送球時間が2秒を超えると盗塁を阻止することはできない。言い換えれば「0・1秒」がレギュラーの座への分かれ道なのだ。もちろん肩の強さだけが勝負ではない。送球動作をいかにコンパクトなものにするのか、そこにも谷繁の血のにじむような努力があったはずだ。

そして、もう一つは、谷繁の強烈な闘争心だ。「今いる選手には絶対負けない。凄《すご》いやつが入ってきたとしても決して負けないと心を奮い立たせる。その気持ちが無くなった時が引退だ」と谷繁は言う。佐々木主浩のワンバウンド

谷繁（右）と。2011年7月

するフォークを逸《そ》らすまいと必死に練習したり、大勢の個性的な投手にもまれたりしながらも横浜でレギュラーの座を確実にし、「必要だから」と請われ中日へ入団した自分への自信と、捕手としてのプライドがその背景にあることは言うまでもない。こんな谷繁が思いがけないことを言った。「生まれ変わってまたプロ野球選手になれたら、三塁手になりたい。3割、30本塁打、100打点。いいだろうなあ」。何としてもチームを勝たせたい。そのためには投手の力をどう引き出すか、その事ばかりに心を配り、自分の打撃のことは二の次にせざるを得ない捕手の本心を聞いた思いだ。1974年、私は8月まで打率首位に立っていた。しかし、チームが優勝を狙える位置に立つと同時に、私の打率は下降し、最後は王さんに首位打者を取られてしまったのだ。

なお、谷繁についてはどうしても付け加えたいことがある。それは「データをどう考えるか」という点での私との共通点だ。結論から言えば「データはあくまでも過去のもの。もちろん無視はしないが最も大切なことは、キャッチャーボックスに座った時、打者の打ち気、狙い球をどう感じ取るかが大切」と考える点だ。感性的な部分を重視する谷繁の姿を私はこれまた頼もしく思う。

私は谷繁の目の輝きに閻魔《えんま》大王の凄《すご》さを見る。その輝きが続く限りすでに追い越されている出場試合数、実働年数だけでなく、安打数もやがて私を追い越すに違いない。私は、自分ができなかった中日の捕手としての2000本安打達成への夢を谷繁に託している。

サインを盗む

センター後ろの観客席から望遠鏡を使い、捕手の出すサインを盗もうとするのは昔から行われていた。10年ほど前、ソフトバンクがアルバイトの大学生を使いこのサイン盗みを試みたが、当人が白状し問題化したことがある。しかし立証が困難との理由で、徹底調査されることもなく灰色決着で終わってしまった。さらに、バックスクリーン内から双眼鏡で捕手のサインを盗み、レフトスタンドに待機する人物に連絡、その人物が旗で打者に伝達するという手の込んだサイン盗みもあったようだ。

私の現役中のナゴヤ球場記者席は、低くてキャッチャーのサインが見やすかった。そこで記者席にスコアラーを座らせ、スコアラー→一塁コーチ→打者へと盗んだサインを伝えたことを覚えているし、こんな笑い話も経験している。山内一弘監督時代、監督から高木守道走塁コーチへのサイン伝達にイヤホンを使ったことがあ

オールスター出場時

る。ところが監督がいくらサインを出しても伝わらない。原因はスイッチオフの状態だったからだ。

また、こんな話も聞いている。掛布雅之、バース、岡田彰布がバックスクリーンへ3連続本塁打を叩きこんだが、その時はヘルメット内に音が出る装置が仕組まれ球種を連絡していたというのだ。もちろん作り話だろう。

いずれにしても情報機器の発達した現在であるから、盗むのは簡単だろう。問題はどう伝達するかだ。

(6) 投手三沢淳が見た捕手木俣

三沢淳は島根県の山村で育った。当時の全国の少年の多くがそうであったように長嶋選手が大好きな巨人ファンだった。ところが「巨人戦の大事なところでホームランを打つ中日の木俣捕手は凄《すご》かった」と言う。県立江津工業では二度甲子園へ出場し、1970年（昭和55）のドラフトでは中日から3位指名を受けるが「自信が無かった」ため新日鉄広畑へと進む。そして、都市対抗野球優勝を契機に翌年秋、中日へ入団、以後13年間にわたり中日のマウンドに立つ。中日での通算成績は105勝105敗、アンダースローからのシュートを武器に、打たせて取る投球が持ち味だった。そのため与死球も多かったが、「神様のような長嶋さんには、打たれてもいい、ぶつけないようにしなければ」とそれだけを思っていたそうだ。

私は入団してきた三沢の球を初めて受けた時、「タイミングは取りにくいが、そんなに大したことはない」と感じた。その時を振り返ると三沢は「隣でタカマサさんが投げていたからそう感じたんじゃないですか」と笑う。ところで新人の三沢は私をどう見ていたのだろうか。思わぬ答えが返ってきた。「巨人を倒す、それこそ神様のような存在。そんな人に受けてもらうと聞いただけで緊張するし、近寄りがたいオーラを感じた」と。また「神様の出すサインに首を振ることなど思いもよらなかった」とも。思えばこの頃、私は正捕手に定着し、マサカリ打法も絶頂期、チーム内では高木守道さん、星野仙一と共にそれなりの存在感を見せていたのだろう。しかし12年の歳月は三沢を一人立ちさせやがて衰えさせていく。私もそれに合わせるかのように往年の肩の力を失っていく。三沢は晩年の私をこう表した。「広島戦、8番打者にまで盗塁された。やはり肩も弱ってきてるんだ。その後は、ランナーが出ると必ず真っすぐのサイン。『分かるよな～その気持ち』。木俣さん、やっぱ

三沢淳（左）と。2011年6月

り捕手のプライドに賭けてるんだと思うと何ともいえぬ感慨を覚えた。自分ではこの球種がいいと思うのに、木俣さんのサイン、分かるけど困ったなあと思ったことは何度もあった」と。そして三沢は、こんなまとめをしてくれた。「谷繁は打者の欠点を突く捕手。木俣さんは投手の良さを生かす捕手」。三沢もまた忘れられぬ球友だ。しかし、私は三沢に一つだけいまだに解けぬ疑問を持っている。それは、1982年の129試合目、ここで勝てば優勝を決めるという大一番。ところが先発した三沢は、ブルペンでもボールが全く走らず、試合開始と同時にノックアウトされてしまうのだ。その理由を問う度に三沢は「誰にでもシークレットはあるのです」とはぐらかすのだ。

衆議院議員を経験した三沢は「地元、ファンを大切にすべき。例えば空席があれば地元の子どもをどんどん招待すればいい。また、選手にもボランティア的役割を与え、球団と地元とが一体になった経営、地域づくりに取り組むべきだ」と力説する。同感だ。

2 キャッチャー病

捕手には「キャッチャー病（木俣命名）」がつきものだ。その代表が、肘《ひじ》が曲がったまま伸びなくなることだ。今でも私は両腕を伸ばした時、右手が曲がったままであり、左手の手のひらとは重ならない。これは二塁送球の練習を繰り返したことに原因があるが、その際、ボールを一塁寄りに曲げるためにシュートを投げざるを得ない。その負担が肘にくるのだ。中日のエースだった大矢根博臣さんは、両腕を伸ばした時、左腕は曲がったままで手のひらは右手の肘あたりまでしか伸びない。大矢根さんもシュートを多投した投手だった。多くの捕手が痔《じ》にも悩まされる。かがんだままの姿勢のために肛門の括約筋が低下するのが原因だ。私の場合は手術を余儀なくされたが、普段から肛門を締めることを繰り返すと予防になる。それだけでなく胃腸の増強や胃下垂の治療にもなる。

さらに、初めて目にする方が多いかもしれないが「睾丸《こうがん》いびつ症（木俣命名）」だ。ボールが何度も当たると睾丸が変形し、左右がアンバランスになってしまう。中には、一方が縮みすぎたため除去手術をした捕手もいる。

投手や他の野手と同じようなけがや故障だけでなく、独特の災難（？）をも背負い、捕手はさまざまな治療法を探し求める。

1980年（昭和55）12月、私は大分市の「冷研リウマチ村」山内病院で「冷凍療法」を経験した。この治療法でリウマチ性疾患を治した人もいることを聞き、私も、肘、肩の故障に効くのかと思い門を叩いた。氷点下180度の室内へ数分間入ることを、2週間ずつ2年間行った。冷凍室へ入るというまでもなく物凄《すご》く寒い。少しでも寒さに勝とうと動きまわる。

それでもたまらなく寒いが必死で動き回っているうちに何となく寒さを感じなくなる。これが〝生きる力なのか〟と思ったりもした。動き回りながら自分で耐えられる限界を告げるのだが、絶えず脈拍を計測し180を超えると外へ出る。一方、医師も窓の外から観察を続け異常を認めればすぐ外へ出す。室内から出た後は、冷たいプールで泳ぐ。2週目最終日の計測では、5分20秒まで耐えることができた。この記録、ギネスに載せれば私は〝世界一の冷凍人間〟かもしれない。私の入団当時は、日本では「温める」のが主流だったが、1965年アメリカ教育リーグに参加した時、「冷やして」いる光景を目の当たりにした。日本へ帰り、肩、肘を冷やしてみたら調子が良かった。そして行きついたところが冷凍療法だった。身体を冷やすことはタブー視されていた時代での挑戦だっただけにスポーツ紙上でも大きく取り上げられた。

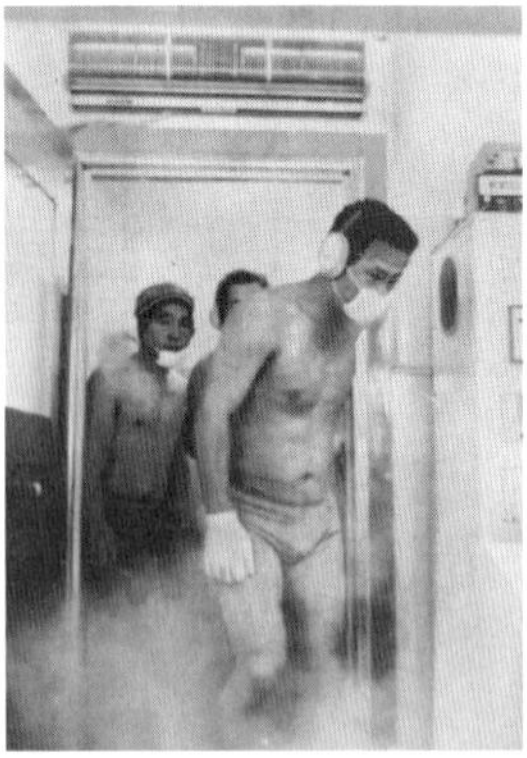

氷点下180度の冷凍室に入る

入団2年目のオープン戦で目に死球を受け、視力が低下した。そんな経緯もあり「目」には特に気を付けた。ある時「胎盤療法」が目に効くと教えられ、胎盤エキスプラセンタを両腕に埋め込んだ。この治療法は今では美容にも取り入れられている。

「毒をもって毒を制す」と言う言葉があるが、腰痛治療のために、東京の病院でウミヘビの毒を注射してもらったことがある。「神経痛に有効」との広告を目にし、血液循環がよくなると思い訪れたのだが、体力には自信があると思い、医師に頼んで普通の人の倍の量を注射してもらった。すると、次の日倒れてしまい38度の熱に3日間苦しめられた。

10年近く前、韓国ドラマ「大長今」が大ヒットしたが、その中で味覚を失ったチャングムが、ミツバチの針を使った治療を試みるシーンがあった。私も、名古屋の治療院でミツバチの針を打ってもらったことがある。茶碗《ちゃわん》のような容器に元気なミツバチを20匹ほど入れ、それを肩、腰、腕等にかぶせ、ミツバチに刺させるというものだ。

ある時はファールチップが私の喉を直撃、数分間だったと思うが全く呼吸ができなかった。そのまま病院へ運ばれ何とか息を吹き返した。治療に当たってくれた医師は、「真正面より少しずれていたのが幸いでした。ノドボトケを直撃すれば呼吸ができなくなるところでした」と言う。今のようにキャッチャーマスクの下の部分に〝垂れ〟のついていない時代だった。

その後、私は防御用に針金を巻き〝垂れ〟を自作した。ところがある試合で〝垂れ〟に当たり、今度は針金が突き刺さってしまった。何とかならぬものかとスポーツ用品メーカーM社にこの話を持ち込んだ。今使われているキャッチャーマスクは私の発案を製品化したものだ。

よいと聞けば何でも取り入れてきた体調管理法と故障個所の治療法だったが、最も世話になったのが女房による、灸《きゅう》、マッサージだった。試合が終わり帰宅後、毎日2時間入念に手入れをしてもらった。そして、器具を使い女房と一緒になっての「低周波療法」が私の捕手としての身体を支えてくれたのだと感謝している。

捕球

走者が盗塁しようとした時、捕手は、投手からのボールを受け二塁へ投げるまでの時間を0・2秒以内に収めなければ阻止できない。この間に108あるボールの縫い目のうち2カ所だけあるポイントに指をひっかける。この動作が無意識にかつ自然にできるようになるためには何十万回かの練習が必要だ。

また、ボールの軌道、バットの軌道でフライの方向を

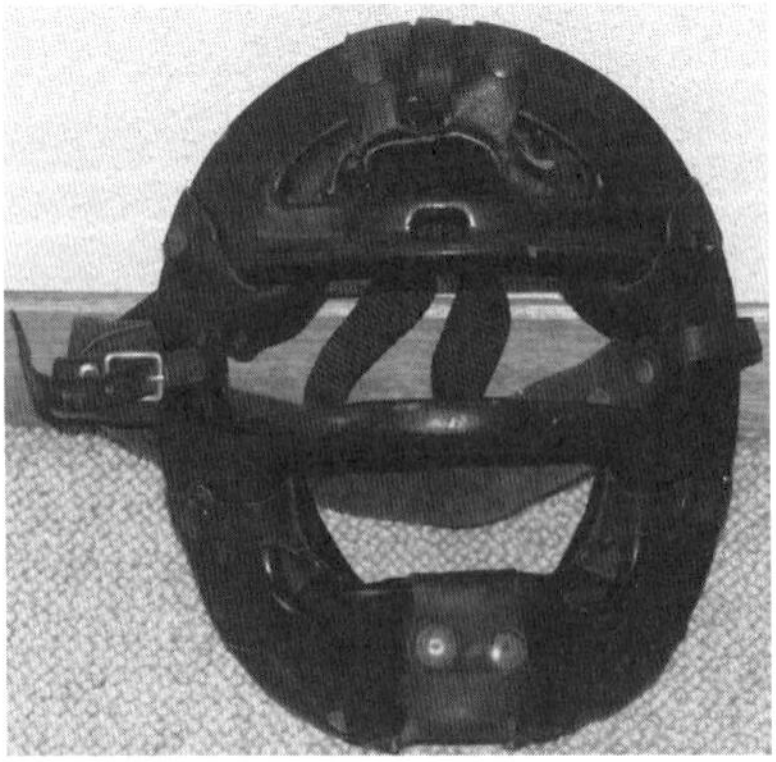

新人のころ愛用したマスク

予想し、身体が即反応し移動することも練習の積み重ね以外には身に付かない。さらに、ランナーが出た場合、マウンドへ駆け寄り投手と打ちあわせをする場合があるが、その時、投手と話しながらも目は、三塁コーチと一塁走者の動きを追っている。もし、三塁コーチを直視したことが分かれば、コーチの出すサインは複雑になる。三塁コーチを見ていないふりをすればサインは単純になる。そのため捕手は、横目で左右180度まで観察しなくてはならない。これらの練習が、捕手特有の故障の原因となる。

3　マスク越しに見たイメージトレーニング

長嶋茂雄監督は〝自己暗示〟を練習に取り入れた。「3割を打てるんだ」と自分に言い聞かす。寝る時には「本塁打を打ち、ベースを回っている姿」を思い出し、リラックスして眠りにつく等々。失敗を頭の中で考えると、筋肉も硬直し眠れなくなるが、相手をやっつけたことを考えると笑いもこぼれ筋肉はほぐれリラックスした状態から深い眠りに入ることができる。長嶋さんを支えた土井正三コーチも中畑清にこんなアドバイスをした。「調子が悪くても常に〝絶好調〟と言え、この言葉が口から出ることにより身体もそうなるんだ」

逆境に立った時、いいプレーをしている自分の姿を思い出し、一つ一つの動きを同じようにやってみることも効果的だ。アメリカでは、スランプに陥った選手にあれこれ言葉を投げ掛けない。ただその選手が本塁打を打った時のビデオを繰り返し見せるだけ。いい時のフォームを頭にイメージさせるのがスランプ脱出の第一歩と考えるからだ。それに対し、日本ではまず欠点の矯正《きょうせい》が先に来てしまう。プレーに向かう直前の意識をポジティブにするだけで驚くほどいいプレーができるのに…。「技術は高いのに精神的に弱い」と言われる選手がいるが、本当は精神的に弱いのではなく〝心理的な技術〟を持っていなかったと言った方がいいだろう。この〝心理的な技術〟さえ身に付ければ、野球の技術と相まって、成績は上がるのだ。

心の動揺は目に現れる。ついきょろきょろと目を動かしてしまう。そんな時はグラブの一点を見つめ集中力を取り戻すことが肝心だ。郭源治はグラブに自分の子どもの名前を書いていた。

打つ前に緊張をほぐし、いかに集中するか、一流選手には独特の動きがある。長嶋茂雄さんは、ヘルメットをかぶりなおし、ユニホームをつまんで自分を大きく見せようとする。王貞治さんは、自分でバッターボックスの中をきれいにならす。

落合博満は、バッターボックスのラインが曲がっていないか確かめる。

これらの動きこそが、リラックスと集中力をもたらし、偉大な成績を残した根源なのだ。

呼吸により、心理状態、感情をコントロールするのも大切なことだ。深く息を吐きながら投げる、または打った方が緊張感がほぐれ、実力が発揮される。投手はワインドアップした時息を吸い、投げる時に吐いていくとボールの伸びがいい。打者はバックスイングで吸いゆっくりと吐きながら打っていく。落合や立浪和義がやっている呼吸法だ。合気道でもヨガでも呼吸を大切にする。野球も同じだ。

お祈り投法

息を十吸って、二分吐いて止める。止めて15～20秒の間が最も神経が集中できる時間だが、息を吐き出す時は血圧が下がり心拍も落ち着き、筋肉の緊張が緩んでリラックスできる時でもあるからだ。

捕手はボールを捕る時息を吸い、投げる時吐いている。ゴルフの尾崎将司もバックスイングで息を吸い込み、打つ時に息を吐く。テニスのジミー・コナーズもボールを打つ時はスーと息を吐いている。

私が、中学時代の素質を認め中京高校を勧めた投手がいる。しかし、高校時代は3番手で甲子園での登板はなかった。彼が東都大学リーグ参加校に進学したある日、彼の大学のメンタルトレーナーであるイップス河野から私のところへ電話が入った。彼はプロ野球選手が腕が縮みスローイングができなかった時にフォローしてくれた方でもある。電話の用件は「ボールは一番速いのにコントロールがつかず苦しんでいる。いい方法はないか」というものだ。私は即座に「お祈り投法」をアドバイスした。簡単に言えばお祈りの姿勢から投球動作を始めるのだ。手をあげ、顎《あご》を引く、そして一度息を吐くと肩の力が抜け、重心も下がる。後は一連の動作に合わせ息を吸い、投げる時にボールに息を吹きかけるように吐くのだ。後日、「効果あり」のお礼の電話をもらった。

4　次代への礎

（1）今中慎二に見るエースの条件

「右打者のインコースにズバッと食い込む速球は大きな魅力。カーブの切れも抜群だった」「本塁ベース前で土につきそうなくらいになってホップしてくる」「将来、中日を背負っていくのはチュウ（今中）しかおらん。あいつはいつでも20勝できるし、負け数も1ケタに止められる投手や。他の投手とは比較にならんくらいええ」「あいつのヒジの使い方は誰も真似《まね》ができんし、真似してもすぐ故障してしまう」…。前出の『ドラゴンズ60年を彩った男たち』では、今中慎二の入団当時の関係者の話としてこのように紹介している。今中は1989年（平成元）大阪桐蔭高校からドラフト1位で中日に入団し、2年目には、フォロースルーなどの指導によってストレートの伸びや変化球のキレが増し10勝をマーク、左腕のエースへの期待を集めた。しかし翌年開幕早々に打球を左手首に当て骨折、復帰までに3カ月を要した。しかし、リハビリで行った痛みの少ないカーブの遠投をきっかけにスローカーブを習得、その後の投球の大きな武器となる。入団5年目の年は、最終戦まで巨人と激しく優勝を争い、10・8決戦へともつれ込んだ。しかし、フル回転が続いた今中は、夏場ごろから肩に痛みを感じ始めていたと言うが、それを口にすることはなく、この試合に先発する。

今中の全盛期には、145～148キロのストレートと、100キロ前後のスローカーブやフォークボール、さらに70～80キロの超スローカーブを交ぜた投球をしていた。後にチェンジアップも加わったようだ。これらの変化球を同じフォームで投げ分けていたのだから打者が翻弄《ほんろう》されるだけでなく捕手の中村武志でさえサイン間違いかと不安になったという。先発の時は完投を考え中盤まではストレートとカーブ中心の投球を、終盤はフォークボールを交ぜ打者に狙いを絞らせなかった。また、3点以内で抑えることを絶えず意識したという。味方が8点取れば7点までは許す山本昌広とは対照的に、あくまでも自分の投球にこだわり続ける今中の気概が感じられる。それだけに重要な試合での先発を任されることが多かった。

10・8決戦は選手会の面々に「勝っても負けてもいいから先発してほしい」と頼み込まれ

て先発したが4回5失点で降板した。今中は敗戦投手となったが、選手たちに悔いは残らなかったという。この試合の勝負の分かれ目は、2回の落合博満との対決にあった。今中は最後はスローカーブで決めようと考えていた。しかし、落合に対しスローカーブを投げるのは他打者に投げる以上に勇気がいる。落合なら、思いっきり引き付け叩いてきかねない。そうすれば必ず本塁打になってしまう。時間は短かったが今中は迷いに迷った。その迷いが外角高めへの中途半端な速球に出てしまう。落合が難なくバットに乗せたボールは右翼席へと吸い込まれて行った。「野球は心でするものだ」、今中は痛感した。

通算12年96勝61敗、防御率3・15の成績を残すが、本当に今中らしい働きをしたのは1990年からの7年間76勝62敗だ。実は私はこの時期の今中に、エースの条件を見る思いがする。この7年間に限ってみれば防御率2・83と素晴らしい成績になる。先発した試合は失点3点以内に抑えているのだ。この抜群の安定感、そして、中2日中3日でも投げ抜く体力と気力、大事な試合になればなるほど登板を求められる信頼感、これらが選手たちに「勝つ気」を呼び起こす力にもなるからだ。

(2) 立浪和義に見るリーダーの条件

1988年(昭和63)、総合コーチであった私はPL学園から入団してきた立浪和義を見て、スイングのスピードの速さとリストの柔らかさに即戦力を予感した。と同時に他の人が持っていないセンスも感じさせるのだ。ところが遊撃手には前年のベストナイン宇野勝がいた。何とか立浪を使えないかと他のコーチとも相談した。星野監督も「いいものはいい」と一言。これで立浪は2番・遊撃手に抜擢《ばってき》される。高卒新人での開幕戦先発出場、しかもフル出場は球団史上後にも先にも立浪ただ1人だ。

「立浪がいれば中日のショートは10年は大丈夫」と思われた。しかし、新人の年の終盤、帰塁の際右肩を痛めたことが尾を引き、5年目は二塁手へとコンバートされる。結局在籍22年の間に遊撃手→二塁手→三塁手→左翼手→三塁手と守備位置を変えていくが、二塁手、三塁手、遊撃手のポジションともゴールデングラブ賞に輝き、守備でもセンスの良さを如何《いかん》なく発揮している。ただ1998年は外野へ回ったが、内野で絶えず試合づくりに参画できる面白さを知る立浪は、疎外感を感じたのかクサリ気味のように見えた。

通算8716打数2480安打、打率2割8分5厘の記録が示すように、いつもチームの中心選手として活躍した「ミスタードラゴンズ」ではあるが、歩んだ道は平坦《へいたん》ではない。新人の年に痛めた右肩の古傷は打撃に微妙に影響し続けたし、固定せぬ打順も勘を狂わせ完璧な振りができない迷いの時期も経験する。しかし、そこから不死鳥のように復活していく姿に、周囲は〝リーダー立浪〟へと夢を膨らませる。2007年以降は代打要員となるが、立浪がネクストバッターズサークルに現れただけで大歓声が起き、打席に向かう時の歓声は、場内アナウンスが聞き取れないほどだった。

立浪は引退を表明していた2009年9月30日の本拠地最終戦に6番一塁手でシーズン初のスタメン出場し、4打数で3安打を放つが、3安打目の二塁打は、自らの持つ二塁打の日本記録を487に伸ばすものだった。10月4日甲子園での対阪神最終戦、10月11日神宮でのヤクルト最終戦には代打で登場したが、いずれの球場でも相手チームから花束が贈られるなど敵味方を問わず大きな信頼を集めている。

私は〝立浪人気〟は〝期待に応えるプレー〟をするところにあると思う。ピンチでのファインプレー、チャンスでのヒットは、ファンにとってはたまらないものだ。もちろんそれを支える立浪の集中力の素晴らしさは言うまでもない。そして、修羅場をくぐることによって培われた心の強さと心遣い、さらに、責任を他人に押し付けない言動とが相まって、「何かをしてくれる」こんな夢にも似た期待感が中日ファンだけでなく多くのプロ野球ファンの〝立浪監督〟待望論につながるのだ。

(3) 野球の夢を広げた野茂英雄

野茂英雄は1990年（平成2）、近鉄へ入団したが、仰木彬監督と初めて会った時、「自分のフォームを直さないこと」「自分のペースで調整させてくれること」を直接訴えたという。相当の頑固者であることがうかがわれるが、それは己への自信の大きさの表現でもあったのだろう。仰木監督はそれを受け入れ、投げ込みはやらせず、ノーラン・ライアンのトレーニング法を勧めた。その年、野茂は18勝8敗の成績を残し、新人王を取る。

しかし、その後就任した鈴木啓示監督の方針とは合わず、１９９５年アメリカへ渡ることになる。

日本野球とアメリカ野球には違いがある。日本では、投手の最も得意とする球を見逃し、失投を待ち構えている。しかし、アメリカでは投手が武器としている球を積極的に打ちにいく。故意に四球でも与えたら、球場中が大ブーイングとなる。日本が守りの野球なら、アメリカは、常に攻撃的な野球であると言ってもいいだろう。間違いなくウイニングショットを狙ってくる打者、アウトコースに甘い判定、必ず中4日は空くローテーション、さらに本人に任せられる調整法、いずれも野茂にとっては好都合だった。

トルネード投法からのウイニングショット、フォークボールにメジャーリーガーたちは面白いように三振を重ねていった。〝サンシン〟という日本語がアメリカ社会に定着したという。この年、メジャーでも新人王に輝いた野茂は、アメリカ球界の救世主とまで称《たた》えられた。野茂の実績に新たな夢を抱いた多くの日本人選手がメジャーに挑戦し始めた。夢を持ち、夢を愛し、努力すれば、夢は必ず実現する。野茂には、こんな言葉がぴったりだ。

三振の記録

奪三振の日本記録　江夏　豊（1968年）
　401個　1試合平均　10・97個
新人の記録　権藤　博（1961年）
　310個
野茂の記録　1990年4月29日　オリックス戦　17個
　4試合連続2ケタ三振
＊落ちる球の効果　目は横の方がよく動き、縦の変化に弱い。
　ストライクゾーンは縦の方が横よりも広い

（4）桑田真澄に見る精神的強さ

巨人在籍20年、投の柱として通算173勝141敗の成績を残し、数々のタイトルも獲得した桑田真澄について記したい。1985年（昭和60）ドラフトでの清原和博との一件については、その後長い間話題とされてきた。近年桑田もそのことについて語っているが、巨人との密約を否定したうえで、ドラフト前に巨人を含む4球団が1位指名を伝えていたことを明かしている。また、ドラフト当日の王貞治監督の談話でも「以前から桑田で行こうと決めていた。状況に応じたピッチングができることが最大の理由」としている。ただ、当時は清原への同情論が強く〝桑田は悪者〟のイメージが作り上げられたようだ。この悪者イメージをさらに深めるような事件が浮上する。スポーツ業者から金銭と高級腕時計を受け取り、登板日を漏らしたと言われるいわゆる「桑田スキャンダル」だ。球団での調査段階で桑田はいったんはこれを認めたため、罰金1000万円、謹慎1カ月の処分を受け、球団も川島セ・リーグ会長から罰金2000万円を課せられる。なおこの2000万円は後日日本オリンピック委員会に寄贈されたという。ただこの疑惑内容については、事実ではないことが後に判明しているが、何とも不可解な事件ではある。

ところで私が桑田について最も強く感じているのは、彼の「精神的強さ」だ。この騒動後、桑田は5月7日に1軍へ復帰する。そして翌8日の大洋戦、4安打完封劇を演じてしまうのだ。マスコミにさんざん取り上げられ、マイナスイメージという重圧を背負っての登板だったにもかかわらず快投してみせた。桑田は投げながら何かぶつぶつ言っているが、母に話し掛けているのだという。そこに精神的支えがあったのだろう。桑田をはじめプロ野球の予備校とも言われたPL学園出身の清原和博、小早川毅彦、吉村禎章、立浪和義らもみな信仰心が強い。

スポーツ科学の研究に打ち込む桑田は、最近活発に発言している。WBC大会で投手の投球数が70球に制限されている一方で、大学生以下の選手に100~200球を投げさせている現実を指摘し、「勝利至上主義」と批判し、投げ込みや打ち込み、走り込みなどをすべて否定。「短時間集中型の練習を徹底し、勉強や遊びの時間も確保すべき」と言う。これからの新しい指導者として私は大いに期待している。

（5）最後のチャンスを生かし続ける山本昌広

アイク生原氏は、早稲田大学を卒業後、亜細亜大学の監督を務めたのち、アメリカへ渡る。ドジャースのマイナーで用具係の仕事にありつき、幾多の苦労を重ねつつもやがて会長補佐にまで昇り詰める。このアイク生原氏がいなかったら山本昌広（マサ）は違う人生を送っていたかもしれない。

1984年（昭和59年）神奈川日大藤沢高から入団。頑強な体つきは他には負けなかったが、鍛えられておらずプロではなかなか通用しない。マサの5年目の2月、中日はアメリカベロビーチのドジャースタウンでキャンプを張った。やがてチームは帰国の途に就くことになるが、マサはそのまま残されてしまう。名目は1Aベロビーチ・ドジャースへの野球留学。留学といえば聞こえはいいが、その年の戦力構想からは外れた上での〝島流し〟といった方が当たっている。落ち込む日々が続いたに違いない。そんな時、親身になってマサの面倒を見てくれたのが会長補佐のアイク生原氏だった。常に攻めの姿勢に徹すること、さらに、ハングリー精神の大切さ等を氏から直接伝授されたマサは徐々に頭角を現していく。そして、1Aベロビーチ・ドジャースで13勝を挙げた8月、星野仙一監督から帰国命令が届く。アイク生原氏からの定期的な連絡を受けていた星野監督が、不足がちであった先発要員としてマサに目を付けたのだ。9月以降、5勝をあげ優勝に大きく貢献する。〝島流し〟から這《は》い上がってきたのだ。

地獄から這い上がった男はさらにたくましさを増していく。1990年以降は2けた勝利を続け、1993・94年には2年連続最多勝に輝くなど、投の柱としての地位を確立する。しかし、1996年、左ひざを痛め手術する事態となるが、鳥取市のトレーニング施設代表の小山裕司氏の指導を受けつつ、この逆境を乗り越えていく。翌年には3度目の最多勝を獲得し復活したマサは、順調に勝ち星を重ねていく。そして、2007年には通算200勝という大記録に到達する。しかし、2008・09年と2軍からなかなか上へあがれない。満を持して臨んだ2010年、左肩痛でキャンプを途中離脱、6月に復帰するものの左足首ねん挫でまた離脱。普通の男なら、この時点で大記録達成を花道に引退したかもしれない。しかし、マサはいう。「挑戦しないまま終わりたくない。引退とか辞めるとかに関しては、僕の中ではもう突き抜けた感があります」（『ベースボール』2010年）

そして、8月7日、阪神戦で2010年初勝利、9月4日、巨人戦で最年長完封勝利、9月11日には通算210勝目を挙げ、球団最多勝の杉下茂さんの記録にあと1と迫った。

マサの意思はあくまでも挑戦だろう。しかし、チームにとっては戦力になるかどうかが大前提だ。2010年、マサはここでもまた与えられた最後のチャンスを生かしたのだ。

幾多の窮地を切り抜け、40歳を過ぎてもなお挑戦し続けるマサの強さはどこからきているのだろうか。前出の小山氏は言う。

「投手の力の代表的な指標は『ボールの回転数』に集約されます。昌君の球はもともと回転数が多いのですが、'95（1995年）と比べても、1秒間に10回転以上増えている。2年前に測ったところ藤川球児投手が1秒間に46回転だったのに対し、昌君は53回転。今までのトレーニングは、この数を増やすことを目指してやってきたのです」

そして、もう一つ。私は週刊誌にこう書いた。

「山本はアメリカに言わば〝島流し〟されていた。それが向こうで大きく伸びて、要するにラストチャンスをものにしたわけです。ことし（2010年）最初の試合にも、山本は人生を賭けていました。『負けたら引退だ』とね。これを見事に勝って調子に乗り、その後、最年長完封記録も作った。こう見ると、彼は昔も今も土壇場に強い。精神力や集中力が強靭《きょうじん》なんでしょう」（『週刊現代』平成22年10月2日号）

勝利の記録

史上最年少勝利　　西沢道夫　1938年（昭和13）6月26日
16歳9カ月

史上最年長勝利　　浜崎真二　１９５０年（昭和25）11月5日　48歳
史上最年長完封勝利　山本昌広　２０１０年（平成22）９月４日　45歳

5　冷静な男　星野仙一

星野仙一は、私の野球人生の中では最も思い出深く、教えられることも多かった選手であり監督だった。１９８２年（昭和57）、一緒に現役を引退するまでの14年間、バッテリーを組み、星野が監督に就任する時には、私をコーチとして呼び寄せてくれた仲でもある。そんな〝星野仙一〟を〝木俣の目〟で解説してみたい。

(1) 投手星野仙一

ア　燃える男　星野仙一

1968年（昭和43）11月のドラフト会議、巨人は、明治大学の星野仙一を取るかそれとも神奈川武相高の島野修投手にするのか迷った。しかし、星野の肩の故障経験を心配し、島野を指名する。元来、強いものに立ち向かうことを信条とする星野は、周囲の予想とは異なる巨人の動きに〝六大学のエース〟としての意地をかけ、打倒巨人への闘志をかきたてることとなる。ここまでなら他にもありそうな話だ。ところが、対巨人戦に臨む星野にはこんな状況をうまく活用する冷静な頭脳があった。

昭和30年代後半から、ON人気に支えられたプロ野球は、テレビ中継の花形だった。しかし、全国中継されるのは巨人戦ばかり。そこに目をつけた星野は、巨人戦になると異常なほどに燃えて見せたのだ。どんな表情でも似合う顔、そして体全体を使っての感情表現、これらをカメラは絶好のアングルからとらえ、テレビでも新聞でも全国に向けて発信する。星野の〝パフォーマンス〟が、マスコミに〝燃える男星野〟を作らせていったのだ。若いころ、巨人戦に

昭和49年の優勝時、星野（左）と

なると「今日は何をやらかすのか」と私は、心配と期待とが絶えず交錯していた。ただ、星野は、体は燃えたぎる振りをしながらも、心はいたって冷静だったことを私は感じていた。タカマサも言う。「私は星野さんに二面性を教えてもらいました。一度マウンドに立つと闘争心丸出しです。でも、ベンチに戻り、そしてユニホームを脱ぐと普通のおっさんです」

イ　「代えるなら早う代えろや！」

１９６９年、広島との開幕第３戦。水原茂監督は、星野を先発させる。しかし、晴れのデビュー戦で滅多打ちされてしまう。その後登板の指示はない。だが、水原監督は２軍行きを命ずることは１度もしなかった。意気に感じる男星野に、監督の思いが通じないはずはない。何とか監督の期待に応えようと投球練習に全精力を注いだことは言うまでもない。そして、５月５日、福井での広島戦で初勝利を挙げる。初勝利に感激し、男泣きをした。断っておくが、この男泣きは決してパフォーマンスではなかった。何とか自分を一人前にしようと目をかけてくれた水原監督への熱い思いがそうさせたのだ。星野とは、極めて純情な男だった。そして、この時の水原監督の自分への起用法が、後の星野監督の選手起用のお手本になったのではないかとも思う。

水原監督の自分への期待を感じ、それに応えようと意気に燃える星野だが、監督の指示に従順であったかというとそうではない。ワンマン、天狗《てんぐ》、お山の大将とも評される投手としての特性を星野もまた備えていたのだ。

　第Ⅱ章と重複するがご容赦願いたい。この年8月30日、後楽園での対巨人戦。先発した星野は、4対1で9回裏を迎える。1死後1点を取られ、なお走者を一塁に残す。交代を進言するサインを送った私を、水原監督が呼び寄せ、コーチも加わり協議を始める。そんな状況の中で、マウンド上の星野は、「代えるなら早う代えろや！」と大声で怒鳴り、挙句の果ては、「どっちにするんや。早うせんかい！」と、えらい剣幕で駆け寄ってくる。結局、続投したものの長嶋茂雄さんに本塁打され同点になってしまう。しかし、打たれた星野に悪びれる様子は全くない。

　同年10月10日。またもや後楽園での対巨人戦。先発星野は、1回早々に本塁打を浴びるなど乱調。水原監督は交代を促すが、星野はそれを拒否。ところがその後も痛打を浴びる。さすがの星野もベンチに目をやり始める。しかしそこは百戦錬磨の水原監督。顎《あご》を突き出す独特のポーズのまま一向に交代の気配を示さない。そんな中、7回に本塁打を浴びると、星野は勝手にマウンドを降りベンチへ戻ってしまうのだ。

　大監督でありしかも自分を育てようとしてくれている水原茂さんに対し、新人の星野は何ら臆することなく、時には喧嘩《けんか》を売るかのような態度すらとるのだ。勝負に賭ける気の強さが時には、前後の見境を失わせたことがあったかもしれない。しかし、相手が誰であろうとも、またどんな場面であろうともそれに縛られることなく、自分の意思を貫こうとする星野の根性、それはどこで形成されたのだろうか。おそらく明治大学時代の恩師島岡吉郎さんの、〝島岡イズム〟が色濃く流れているのだろう。巨人に対しての闘争心だけでなく、自分のチームの首脳陣に対してまで闘争心を丸出しにするところが星野らしいところだ。そして、この2試合とも、後楽園球場での大観衆を前にしての巨人戦、しかも全国ネットで放送されていたことが〝燃える男星野〟をますます増幅させていったことは間違いない。

ウ　何かが起こる

35勝31敗9セーブ、これが14年間を通しての星野の対巨人戦の成績だ。通算勝ち星が146勝121敗34セーブだから、勝ち数の24％、負け数の26％、セーブポイントの26％が

星野のストッキング（木俣所有）

対巨人戦の結果ということになる。この数字から見る限り、〝巨人キラー星野〟のイメージは湧いてこない。しかし、巨人戦になると、必ず何かをしでかす星野に、何かが起こる巡りあわせが重なって、〝巨人戦に燃える男星野〟が全国のお茶の間にも定着するのだ。

2年目の1970年、中日球場で、星野が投げながら巨人に優勝を決められ、目の前で川上哲治監督胴上げという屈辱を味わう。一方、1973年には、4月28日に星野が投げ、勝ってから中日は巨人に8連勝、その8連勝目は、星野が投げしかも決勝本塁打まで放つおまけ付き。そして1974年、与那嶺監督3年目。エース星野は49試合に登板、32試合にリリーフと大車輪の活躍で、15勝9敗16セーブを記録。打倒巨人への熱い思いは、中日20年ぶりの優勝で実を結ぶ。V10を阻止された巨人は川上監督の退陣、そして、星野の好敵手長嶋茂雄さんの引退を迎えることになる。

14年間にわたる対巨人戦を振り返ると、勝つにしろ負けるにしろ星野という男を、強烈に印象付ける場面が非常に多い。それは、星野自身のパフォーマンスによるところも大きいが、やはりそればかりではない。何かが起こりそうな状況が、いつの間にか出来上がっていくのだ。

極めつけは1981年8月26日、後楽園での対巨人戦。完封ペースで力投する星野に応え中日2点リードで、7回裏2死1塁。代打山本功児は、力のない内野フライを打ち上げる。星野が3塁ベンチへ歩き始めたその瞬間、球場全体に広がる大歓声。振り向いた星野が見たのは頭を押さえ痛がっている宇野勝の姿だった。いまだに珍プレーで主役を務める〝宇野のヘディング〟だ。気の毒な宇野？　をよそにテレビは、グラブを叩《たた》きつけ怒る星野の姿を映し出す。テレビの前の野球ファンも怒る星野を喜んで見ているのだ。ただその星野も「カッときたが、怒るより、吹き出したかった」と述懐しているから、宇野には気の毒だが、宇野以外はみんなが喜んだ場面だったと言ってもいいだろう。

しかし、翌日、名古屋に戻った星野は、そっと宇野に声を掛ける。

「ウーやん。今夜は飯を食いに行こう」

グラブを叩きつける姿とは全く違う星野がそこにいるのだ。

エ　サインを嫌う

打倒巨人に燃える星野にとって、ＯＮとの対決は最高の見せ場でもある。

結果から見てみよう。

星野対ＯＮ対決

長嶋	１１１打数	26安打	７本塁打	打率２割３分４厘
王	１９５打数	62安打	24本塁打	打率３割１分８厘

長嶋さんは打席に入る時、星野を挑発するような誘い掛けをする。星野を燃えさせ、全力で投げられた球をジャストミートしようと、打ち気満々で待ち構えるのだ。最初のころはよ

くその餌食になった。しかし、私たちも考える。何とか長嶋さんの打ち気をはずす方法はないものかと。思いついた作戦は、サインを嫌うこと。私がサインを出す。マウンド上の星野は、首を横に振る。次のサインを出すが、これも嫌う。そして、3回目、これまた嫌う。4回目でやっと星野はうなずく。実は4回目は、最初と同じサイン。この間20秒ほどは掛かる。さすがの長嶋さんも集中力が続かず、凡打に打ち取られる。もちろんこんな作戦が全て成功したわけではないが、結果的には長嶋さんをかなり抑え込んだことを数字は示している。

話は少々脱線するが、長嶋さんのパフォーマンスも大したものだ。ある試合で私は長嶋さんにささやいた。

「長嶋さん、このピッチャー、シュートが食い込んでくるから気を付けてくださいね」

「あ、そう」

聞き流したかに見えた。しかし、次の球がきた瞬間、

「うおー」

とうなり大袈裟《おおげさ》にバッターボックスでのけ反るのだ。コースは外れていても長嶋さんの身体からはかなり離れたシュートであったのに…。私が長嶋さんにささやいたのは、球界の宝でもある長嶋さんが万が一死球で試合に出られなくなってはいけない、そんな気持ちがあったのかもしれない。

こんな場面もあった。同じように「気を付けてくださいね」と言った直後、カッキーンと

金属音を残し本塁打。一塁コーチと握手、飛び出てきた観客とも握手、三塁コーチとも握手、そして、本塁ベース付近で呆然《ぼうぜん》としている私の腕をつかむ。「キーちゃん、ありがとう」と言いたそうな表情で…。もちろん返す言葉はない。一方、マウンドでは投手がひざまづいていた。

王さんとの初対決は入団の年の5月25日。星野は第1打席、第2打席とも空振り三振に打ち取る好調な滑り出し。カーブにバットが合わないと感じた星野は、続く第3打席でもカーブから入った。しかし、内に入ったところを弾き返された打球は、はるか右翼場外へと消えていった。これが王さんとの初対決だ。王さんは星野を評して「星野は速球派ではないが、速球派の振りをして投げている」と言う。結果的には、かなり打ちこまれていると言っていいだろう。地面に根が生えたようにじっと立ち続ける王さんには、タイミングを外そうとしても、打ち気を逸《そ》らそうとしてもなかなか通じなかったということだろう。それどころか王さんの〝間〟に引きずりこまれてしまったことの方が多かったかもしれない。付け加えであるが、王さんほどボールをよけるのがうまかった選手はいない。

オ　「肛門が開いた」

星野の引退を語る時〝魔の1球〟という言葉がよく使われる。1982年（昭和57）6月

30日、ナゴヤ球場での対巨人戦、4対2とリードで迎えた9回表、淡口憲治に2点本塁打を浴び、引き分けにされてしまう。この時投げた、星野の122球目が、それまでの好投をフイにしてしまっただけでなく、それがために、近藤貞雄監督から「もう先発では使わない。リリーフに回れ」と宣告されたのだ。しかし、これには伏線があった。2カ月ほど前、星野は全く同じ経験をしているのだ。

4月20日、熊本での対巨人戦。星野の好投で2対1とリードし迎えた9回裏2死。淡口に本塁打され同点。さらに山本巧児にも打たれサヨナラ負けを喫してしまう。ちなみに淡口の星野に対する成績は、110打数、37安打、打率3割3分6厘と、王さんや長嶋さんよりもはるかに高い数字であり、巨人の中では最も星野に強い男だった。

試合後、星野は私に「淡口に打たれた瞬間〝肛門が開いた〟」と打ち明けている。ショックが大きすぎて、放心状態になってしまったということだろう。おそらく近づく自分の引退を本能的に感じ取ったに違いない。

カ　カランカラン

ノックアウトされたり、不本意な交代をさせられたりした投手が、ダッグアウトに帰るなりグラブを叩きつけ悔しがる場面がよくテレビに映る。

星野もすさまじかった。ベンチに戻るなり、置いてある湯飲み茶碗《ちゃわん》を床に叩《たた》きつけるのだ。

1回に2～3個は割ってしまう。ノックアウトされる度にそれを繰り返すのだから、片付けだけでもマネジャーはたまったものではない。ある時、思いついてプラスチック製の茶碗を置いてみた。打たれて戻った星野は、いつものつもりで茶碗を叩きつける。ところがいつものようには飛び散らない。それどころかカランカランと軽やかな音をたてて転がり出す始末。ストレス解消どころかますます頭に血が上り、怒りの矛先がマネジャー向けられたことは言うまでもない。困りは果てたマネジャーは、瀬戸物とプラスチック製との2組を用意し、星野のピッチングの様子を見ては、入れ替えていた。

悔しさを発散させたいのは投手だけではない。選手をやめ監督になっても暴れるのだ。扇風機に八つ当たりする監督の姿がテレビに映し出されていたが、その時監督は手にけがをしてしまったことはあまり知られていない。そして、ベンチ横の扉には〝谷沢の穴〟〝監督の穴〟などが残されている。蹴った足跡がそのまま保存？されているのだ。〝監督の穴〟、それは誰のものかは言うまでもない。いずれにしてもプロ野球に関わる者、一度ユニホームを着ると、体を張って闘っていることは確かだ。

キ　「キーやん　悪かったな」

星野は、打者の体全体から、この球を待っていると感じる鋭い勘を持っていた。その度にサインとは違う球を投げてくるのだ。勢いパスボールは多くなるし、捕り損ねて体でカバー

することも多くなる。私がボールをはじく度に、
「何だ！　こんなボールがとれんのか！」
と私を指さし物凄《すご》い形相で吠《ほ》えまくる。しかし、ベンチへ戻ると、開口一番、
「キーやん。悪かったな」

私は、星野によって随分鍛えられたと思っている。捕手としての技術を磨くだけでなく、人の心を読むことの大切さを痛感させられた。言葉には信用できないところがある。しかし、ボールは信用できる。ボールにはその人の人間性、心が込められているからだ。星野の投げるボールには「サインとは違うがこの球が今おれが感じた最高の球だ」と言う思いが込められていた。それに気づいた時、どんな球が来ようとも命がけで捕ろうとする捕手としての気概が、星野が投げようとする球を感知する、いわば以心伝心の境地に入っていたのかもしれない。聞けば、稲尾和久投手、金田正一投手とそれぞれコンビを組んだ和田博実捕手、根来広光捕手も両投手が投げる瞬間に球種を変える場面を多く経験したという。

１９７３年の阪神戦、私が江夏から本塁打を打って勝った試合、星野は終盤をストレートだけで投げ抜き、勝ち投手となったが、巨人Ｖ９の夢を膨らませ、敵に塩を送るような結果に、心で投げる投手星野も複雑な思いであったと思う。

星野は、５００試合に登板、１４６勝１２１敗34セーブ、防御率３・６０の成績を残し

1982年、14年間の現役生活に別れを告げる。私の引退と同じ年だ。

(2) 監督星野仙一

1987年、背番号77の星野監督が誕生する。球団からの監督要請を受けた時、「召集令状がきた」と感じたという。就任の会見を終え、カメラマンが「笑ってください」と注文をつけると、「これから戦場へ行くのだ。笑えるか」と真剣に怒ったそうだ。星野は球団から監督を打診されるとすぐ私に電話してきた。「キーやん、一緒にやってくれ」それだけの話で私は総合コーチを引き受け、それから3年間、また星野と付き合うことになる。

ア　3年間の年譜

1987年（昭和62）

トレード　牛島和彦、上川誠二、平沼定晴、桑田茂　―　落合博満　他

ドラフト　①近藤真一　②山崎武司　他

3・30　ナゴヤ球場　増築改修工事完了

5・2　広島市民球場で、クロスプレーをめぐり乱闘　星野監督退場処分

6・11　熊本球場対巨人戦　宮下昌己のクロマティーへの死球で乱闘　クロマティー退場処分

8・9　ナゴヤ球場対巨人戦で、近藤真一が史上
　　初の初登板ノーヒットノーラン
10・22　セ・リーグ閉幕　1位巨人　2位中日
最多勝　小松辰雄　17勝
最優秀救援　郭　源治　30ＳＰ
ベストナイン　宇野　勝　遊撃手

1988年（昭和63）
トレード　大島康徳　曾田康二　―　田中富生　大
　　宮龍男
　　平野　謙　―　小野和幸　他
ドラフト　①立浪和義　②鎌仲政昭　他
2・16　ベロビーチキャンプへ出発　～3・4
4・19　岡山球場での対阪神戦　暴言により星野
　　監督退場処分　木俣が代理監督
7・24　オールスター戦　立浪和義ファン投票
　　トップ
10・6　郭源治　36セーブの日本新

10・7　ナゴヤ球場で、6年ぶり4度目の優勝
10・27　日本シリーズ　1勝4敗で西武に敗退
MVP　　　　　郭　源治
新人王　　　　立浪和義
最多勝利打点　落合博満　19打点
最多勝　　　　小野和幸　18勝
最優秀救援　　郭　源治　44SP
ベストナイン　小野和幸　投手　落合博満　1塁手
ゴールデングラブ賞　立浪和義　遊撃手　彦野利勝　外野手

1989年（平成元）

トレード　中尾孝義　―　西本　聖　加茂川重治　他
ドラフト　①今中慎二　②大豊泰昭　他
2・1　オーストラリア　ゴールドコーストキャンプ　～13
6・20　広島戦で8回、1イニング2併殺の珍記録
8・5　ヤクルト戦で、1安打（中村武志）で勝利
9・8　郭　源治　日本へ帰化
10・7　鈴木孝政引退

10・18　セ・リーグ閉幕　1位巨人　3位中日
打点王　落合博満　116打点
最多勝　西本　聖　20勝
ベストナイン　落合博満　3塁手　彦野利勝　外野手
ゴールデングラブ賞　西本　聖　投手　彦野利勝　外野手
カムバック賞　西本　聖　投手

イ　トレード

星野監督は、5年間の任期中にトレードで39人の選手を放出し、28人を入団させている。1年平均7・8人の放出であり、前任者山内一弘監督の2・3人、後任の高木守道監督の3人と比べても〝血の入れ替え〟に熱心だったことが分かる。星野は、1996年から6年間再び監督を務めるが、その時も年平均9人を放出している。ただでさえ厳しい生存競争の中で戦っている選手たちにとって、大規模なトレードが与える心理的影響は極めて大きい。一度トレード要員とされると、そのままクビになってしまう可能性もあるからだ。選手にとってはこれまで以上に、気の抜けないプレーが要求されることになる。

トレードは一つの〝賭け〟といってもいいだろう。星野監督は、その〝賭け〟にことごとく勝つのだ。就任早々、三冠王落合博満を獲得する。「巨人に取られたら、しばらく巨人の天下が続く」との危機感のもと水面下での猛烈な落合取りが繰り広げられた。中日に移った落合が、期待通りの活躍を見せたことは言うまでもない。一方、交換相手として、ロッテ側から指名された牛島和彦は、泣く泣く名古屋を去ることになるが、星野監督は、新幹線に乗り込む牛島を名古屋駅まで見送りに出かける。こんな人情味あふれる気遣いをする男でもあった。余談であるが、球団職員が食事をし、レジに行くと「もういただいています」と言われる。振り返ると向こうの席に星野監督が座っている。こんな金遣いもできる男だった。

１９８８年は、開幕早々エース小松辰雄が右ひじ痛で離脱、いきなりピンチに見舞われる。しかし、それを救ったのが西武から獲得した小野和幸。投の柱となり、優勝に貢献する。小野自身も最多勝を獲得する。１９８９年、この年も投手陣が次々に崩れ、壊滅状態に。これを救ったのが巨人からきた西本聖、前年の小野同様、最多勝を獲得する働きで、Ｂクラス転落を食い止める。このように獲得した

２０００年ドラゴンズカレンダーの表紙

選手が、面白いように主力となり活躍するのだ。それだけではない。放出した選手もトレード先で期待に添う働きをする。牛島はパ・リーグでも最優秀救援投手となるなど大活躍。その後、横浜監督への道を歩む。大島も、移籍先の日本ハムで2000本安打を達成、これまた日本ハム監督へと進む。

では星野監督は、これらのトレードをどのように構想したのだろうか。私は、星野監督からトレードの相談を受けたことは1度もない。もちろん他のコーチとも相談していないと思う。私に言うのは「こうするが、どう思う?」と言うだけだ。星野が「どう思う?」と言う時は、意見を聞くのではなく「俺の言うとおりにしろ」と同じであることを、私は選手時代から心得ていた。投手出身の監督が、チームの投手の状況を把握し、強化ポイントを見いだすのは比較的容易だろう。しかし、星野監督には、他チームの投手心理を読むことに他とは違う面があったのではないかと思う。一人マウンドに立つときの投手はお山の大将であると同時に孤独でもある。その時見せる表情の中に、その投手のその日の調子だけでなく、チーム内でどんな立場にいるのかということまで読み取っていたのではないか。そこからトレード成立の可能性を推し測っていたのだろう。

監督のもと、それぞれの役割を任されたコーチたちがいる。世間からは、一致団結した協力的集団と思われがちであるが、現実は全く逆だ。それぞれが一匹オオカミとして現役時代を生き抜いてきた猛者たちの集まりだ。議論の一致を求めること自体が無理な集団なのだ。

コーチ会議が、喧々諤々《けんけんがくがく》、言い合いの場となることもしばしばだ。しかし、その道を究めた者たちだけに、一人ひとりの言い分は、冷静な分析に基づいた正論が多い。上意下達、任侠《にんきょう》道にも模せられがちな星野監督だが、コーチ一人ひとりの言い分を冷静に聞きとる我慢強さも持ち合わせていた。ここからチーム強化のポイントを見つけることも多かったと思う。

どうして中日を出た選手が活躍するのか

楽天の山崎武司、鉄平、ソフトバンクの田上秀則等々、中日から出た選手が他球団で活躍している。トレードなど相手球団との交渉の中での移籍だから一概には言えないが、はっきりしていることは中日の選手育成法がよいということは間違いない。ただ、チームの雰囲気に溶け込めなかった選手が新天地でのびのびとプレーできたので、眠っていた才能が開花した例も多い。

地下鉄ナゴヤドーム前矢田駅のパネル前で

ウ　ドラフト

1987年8月9日　ナゴヤ球場対巨人19回戦で、ルーキー近藤真一が史上初となる初登板ノーヒットノーランを記録する。大リーグでも記録されていない快挙だ。

近藤は愛知享栄高の出身だが、その年のドラフトで5球団が1位指名する逸材だった。抽選で引き当てたのが星野監督であり、強運の持ち主と言われるのもうなずける。近藤の初先発、それは、水原茂監督が、星野に何としても初勝利を飾らせようと満を持して登板させたことを参考にしての起用だった。それがとんでもない快挙として実を結ぶのだ。ただその後近藤は肩を痛め実働6年でユニホームを脱ぐ。

翌年は「センスの良さとリーダーとしての雰囲気を備えた新人」立浪和義を指名、さらに、翌々年は「将来中日を背負う投手、他とは比較にならない」今中慎二を、迷うことなく1位指名する。何れも中日を代表する選手に成長していく。このほか、山崎武司、上原晃、音重鎮、大豊泰昭など主力級がこの3年間で入団する。

このドラフトの大きな成果は、星野監督の将来を見据えたチームづくりへの構想とともに、それに応えようとしたスカウトの目の確かさを見逃せない。

私が総合コーチを務めた3年間で計27人の新人が入団したが、最も思いで深いのが大豊だ。大豊が中学2年の時、王さんが756本塁打の世界新記録を達成する。その時の両手を高々と挙げる王さんの写真が大豊の心に強く焼き付けられたという。それが日本プロ野球への憧れとなり、王さんへの尊敬心へと高まっていく。当初は巨人入団が願望だったが日本で世話してくれる方との関係もあり、名古屋商科大学、中日球団職員を経て、1989年(平成元)中日へ入団する。

私は、練習量では誰にも負けなかったと自負している。しかし、大豊には負けた。とにかくすさまじい練習だった。キャンプ中は練習終了後も、マシン相手に黙々と打ち続ける。2時間たっても3時間たっても終わらない。とうとう用具係のスタッフから「もうやめてくれませんか。私たちの食事時間がなくなってしまいます」と言われることもしばしばだった。公式戦が始まると、移動する新幹線の中へバットを持ち込み、デッキで構えを繰り返す。ある時は飛行機へもバットを持ち込もうとしたが、これだけは認められなかったようだ。大豊がイチローに言ったそうだ。「一番練習したのは王さん、次がイチローさん」と。するとイチローが答えた。「一番練習したのは王さん、次が大豊さ

王さんの指導を受ける大豊

ん」と。

大豊の打撃の手本は王さんだったことは言うまでもない。もちろん何度も直接指導を受けているし、王さんの打撃フォームの研究も徹底している。そんな大豊が面白いことを言った。「王さんの一本足打法を真似《まね》ると非常に疲れる。特に目の疲労が大きい。私も王さんの真似をしなかったらもう5年は選手生命が長かったかもしれない」と。

この言葉を聞き私も感じるものがあった。私がヒッチ打法を会得したのは王さんの打法を真似し練習している時、バットを上に挙げていることに疲れを感じ、何気なく下げたことがきっかけだったのだ。また、一本足で立ち続けるためには視点を一点に絞ることが重要なのだ。「王さんに『2メートル前のボールを打て』『そのためには腹をひっこめろ』と教えられたが、その意味がわかったのは随分後のことだった」…。大豊もこんな話はおそらく私にしかしないだろうと思うと嬉《うれ》しかった。

今、大豊は岐阜県海津市で飲食店を経営している。今年

取材に応じる大豊。2011年7月

6月下旬、私は彼を訪ねた。難病と闘った後とは思えぬ元気さに安心し、昔と変わらぬ明るさ、人懐っこさに引き込まれ野球談議に時を忘れた。店には王さんの写真がたくさん張られ話題も王さんのことが多くなる。その中で言った言葉が忘れられない。「868本塁打を記録した王さんは、千本打ちたかったと言うし、3085安打の張本さんも4500本打ちたかったと言う。大打者でも悔いは残るんです。私など悔いが残って当たり前です」

意思が強く、決して人を裏切らない大豊は、これからも中日と台湾球界との大きな懸け橋となってくれるに違いない。

エ　プレッシャー

選手を怒鳴り散らしてプレッシャーをかけまくることが星野監督の常套《じょうとう》手段だった。しかし、中には監督の顔色が気になり委縮し、持てる力を十分に発揮できない選手もいる。総合コーチの立場から、その話を持ち出すと、返事は「俺のプレッシャーに負けるような奴《やつ》が、ここぞの時、踏ん張れるか？　そんな奴は要《い》らねぇ～」と一言。いたって明快だ。ただ、ミスした選手にはその場では怒鳴り散らすが、翌日はニコニコと話しかけるだけでなく必ずその日の試合に使うのだ。失敗を次へ引っ張らないことを明示している。怒鳴られたら「くそったれ！　次は必ず結果を出し見返してやる！」。そんな反発心、向上心を期待していることは明らかだ。その期待に応えるかのように彦野利勝、中村武志ら若手が芽を出してきたのはこの時期だった。同じように星野監督は、敬遠を指示した時に、素直にうなずく投手を嫌う。「このヤロー、何でおれに勝負させないんだ」と不満をあらわにする投手ほどモノになると信じるアグレッシブな野球を目指したのだ。

その一方で星野監督は、若手に錯覚？を起こさせるのもうまかった。実力が今一歩でも力があると思わせることが肝心。力があると自分を信じた時から自信が付き、結果へとつながる。プロの戦いは心の戦いを制したものだけが勝者となるのだ。

ただ、熱血監督のもとの総合コーチといういわば中間管理職は大変だ。監督、コーチそして選手との意思疎通に右往左往させられる。いい人生経験ではあった。

オ　パフォーマンスは健在？

星野監督は私の在任中2度の退場処分を受ける。1987年5月2日、広島市民球場でクロスプレーをめぐり乱闘となる。その結果、星野監督と広島伊勢孝夫コーチが退場。翌年には岡山球場で判定をめぐり審判に対し暴言を吐き退場。熱血漢ぶりをテレビは映し出す。しかし、冷静な星野監督は抗議の激しさも、乱闘の姿勢も全て計算済みであり、監督になってもパフォーマンスは健在だったと言えよう。私は、監督が抗議のためにベンチを飛び出すタイミングがだいたい分かっていた。足の速い島野郁夫コーチが最初に飛び出す。その後に監督が続く。そして、万が一のために私がその後に付く。ただ、星野監督は手を出すことは一度もなかった。

余談だが広島戦での乱闘を違った角度からみた選手が一人いる。大豊泰昭だ。広島戦にめっぽう強く、三村敏之監督時代には、試合前のミーティングのほとんどが大豊対策に充てられたほどだ。彼曰《いわ》く。「星野さんと山本浩二さんは仲がいい。取っ組みあっているけど顔は互いに笑っている。真剣に乱闘してるのは数人だけ。後はお祭りみたいだった」

こんな星野監督がパフォーマンスかそれとも本音か分らぬ姿を見せたことがある。

1988年、セ・リーグ制覇はしたものの日本シリーズで西武に惨敗、試合後のミーティングでのことだった。敗戦の後のミーティングでは、コーチはじめスタッフを怒鳴りつけるのが常だった。しかし、この日は全く違っていた。部屋に入るなり土下座して詫《わ》びるのだ。

「ご苦労さん。ありがとう。よく付いてきてくれた。本当にありがとう」

その場にいる者みながあっけにとられた。そして、何ともいえぬ感動すら覚えたのだ。振り返れば振り返るほど純粋であり、それでいて不思議な男だ。

カ　似た者　超えた者

1981年夏、郭源治が風呂敷包み1つでナゴヤ球場に到着する。財布には2千円しか入っていなかったという。郭は、台湾で奨学金を受け大学まで卒業するが、ハングリー精神のかたまりだった。串間キャンプでは、新人郭に、チームメートたちが跳んできたバッタを指さし、「あれを食べたら1人千円ずつやるよ」と冗談半分に言うと、郭はすかさずバッタを捕まえむしゃむしゃと食べてしまったのだ。一同あっけにとられ見ていたが、後で聞けば、郭は台湾山岳民族の出身で、バッタはよく食べていたという。もちろんここでは千円の方が優先していたことは言うまでもない。話は横道にそれたが　郭は着実に先発としての実績を挙げていく。ところが1987年、落合との交換トレードで牛島が抜け、抑え不在となってしまう。ここで星野監督が目をつけたのが郭だ。ハングリー精神むき出しに、気迫を前面に出して全力投球する姿に、星野監督はかっての自分の姿を見い出していた。この転向が見事に当たり、郭はその後救援投手として球団史上に名を残すことになる。

血気盛んな星野監督に逆らった男がいる。1989年、中日はオーストラリア・ゴールドコーストでキャンプを張る。ところが監督の意向に逆らうかのように1人だけ主力で参加しない選手がいた。落合博満だ。中日は、前年4度目の優勝を決めている。しかし、契約更改で落合は現状維持を余儀なくされる。無冠に終わった落合に対し、球団は「タイトルで落合と契約している」と譲らない。当然ながら落合のタイトル取りへの執念が燃え上がる。そんな折に計画されたゴールドコーストキャンプ。オレ流の調整法を大切にする落合は「オーストラリアへ行っても意味はない。暑いだけ」とキャンプ参加を拒否するのだ。暑い所で始動すると、仕上がった錯覚に陥ることを心配し、寒い所から始め、徐々に暖かい所へ移していくという落合ならではの考えからだ。結局100万円の罰金を払ってのキャンプ不参加となるが、この年、打点王に輝き意地を示した形となる。これだけではない。「キャンプ初日からチームプレーができる体を作って来い」との監督の方針を無視、キャンプで悠々と調整していく落合だった。こと調整法については星野監督は落合に何も言わなかった。それだけ落合もプロの中のプロだった。おそらく星野に物言わせなかったのは、後にも先にも落合だけだろう。ただ私は、星野は物言えなかったのではなく、本当は意図的に言わなかったのだと思う。そうすることにより、落合の存在感以上に、星野監督の威厳が際立ったように感じるのだ。

キ　管理　練習　気力

星野監督が手本としたのは、川上監督の「守りの野球」だ。特に投手中心の野球であり、その中でも抑えの重要性を強調する。そのために郭源治を抑えに回したり、宣銅烈、サムソン・リーらを次々と入団させたりする。また、1点を取るために手堅い策を講じる。バントを多用したが、特に相手投手がエースの時は、1アウト一塁でもバントを命じた。ランナーを二塁に進めておけばエラーでも1点入ると読むのだ。さらに投手心理を読んだ冷静な作戦が随所に見られる。ところがマスコミは星野野球は「けんか野球」と豪放さを強調する。ただ1点を取った後の攻めは積極的だったため、本質である繊細な野球以上に豪放さが目立ったのだろう。しかし、投手出身の星野はあえてこう言う。

——俺はこのマウンドでゲームをつくるんだ。感動も演出してやるんだ。俺の一球一打がファンをゾクゾクさせるんだと思え。だからこそこのチャンスは誰にも渡さないと骨の髄から思え。責任が重いなぁと感じたら、すでに一歩相手に負けている。自分がピンチだと思う時は相手も同じで怖がっている。実はチャンスなんだ。勝つのは気力が勝った方だよ。度胸と気力が勝負を決めるのだ。——

星野監督は、ファンの耳目を集めるコツを心得ている。中日監督就任1年目、三冠王落合博満を獲得する。2年目、巨人がキャンプを張ったことのあるアメリカフロリダのドジャースタウンをキャンプ地とし話題を集める。そして、5年目。広島と優勝争いをしているさなか、「優勝しなかったら辞める」と宣言する。このことについて少し補足しておこう。星野は監督就任2年目に優勝したもののその後は3位、4位、2位と今一つファンの期待に応えきれずにいた。「何としても今年こそは」との思いを強くしたのだろう。9月21日、「優勝しなかったらオレは辞める。この5年間の総力を結集してくれ」と檄《げき》を飛ばしたのだ。もちろんファンはかたずをのんで見守ることとなる。ただこの時は、その後連敗が続き、盟友山本浩二を微笑《ほほえ》ませてしまった。マスコミ対策も万全だった。監督の資質を問われ「担当記者との緊密なコミュニケーション」を第一にあげているが、マスコミを味方に付けたことが〝燃える男星野仙一〟をより際立たせていったことは間違いない。「管理、練習、気力」の6文字に象徴される星野監督は13年間で、３度のリーグ優勝を果たしているが、選手時代も含め５度出場した日本シリーズではいずれも敗退している。そして、対戦の敵将が全て巨人ＯＢだったことは、アンチ巨人に燃えた投手星野にとっては悔しかったことだろう。

２０１０年（平成22）秋、星野は楽天監督に就任する。ところが開幕直前に東日本大震災に見舞われ、想像以上の心労も経験したに違いない。そんな中で私が最も星野らしいと感じたコメントが二つある。一つは、プロ野球公式戦開幕に際し、セ・リーグ理事会がドタバタ劇を演じた時だ。星野は「背広組は有事なのに、平時のように机の上でやっとるからいけない。平和ボケしとる」とコメントする。セ・パ同時開幕を主張した私は胸のつかえがとれたような思いで受け止めた。二つ目は、やっと本拠地仙台へ戻る直前の談話だ。「このチームを引き受けた時から、オレの人生だと思っている。自分にプレッシャーをかけてそれに立ち向かっている。選手もその姿勢であってほしい」。星野の生きざまは変わっていない。しかし、言動には風格が備わり円熟さを感じさせる。

私は、星野監督時代に総合コーチを3年、高木守道監督時代に打撃コーチを1年経験した。コーチという立場はいわゆる「中間管理職」であるが、世間一般で言うそれではない。私なりのコーチの在り方については、第Ⅰ章に記した。

あとがきに代えて

１９５４年（昭和29）、中日ドラゴンズが優勝した。メンバーの中に石川克彦さん（岡崎高）、井上登さん（岡崎高）、杉山悟さん（岡崎中）がいた。その年以前にも服部受弘さん（岡崎中）、近藤貞雄さん（岡崎中）が中日で活躍していた。10歳だった私もいつしか岡崎高からの中日入りを夢見るようになった。

そんな私の思いを察したかのように祖父がミットを買ってくれた。千五百円ぐらいだったと思う。それ以来、プロ野球を引退するまでの29年間、私は捕手として野球と関わったことになる。

プロ入りした１９６４年、勝浦での初めてのキャンプ。しかし、先輩とのあまりの力の差に「これはだめだ。5年もつだろうか」との不安を感じずにはいられなかった。そんな時出会ったのが坪内道則さんだ。坪内さんはその著『風雪の中の野球半世紀』（ベースボール・マガジン社　１９８７年）で、私のことをこう書いている。

・・・昭和３９年夏、私がシーズン途中で中日のコーチとして参加したときであった木俣達彦捕手は、体は大きくなく、まん丸顔。正直なところ、荒々しいプロの世界で５、６年持つだろうか――と思っていた・・・

それからは、2年間にわたりゲームを終えてからのマンツーマンでの素振りが日課となった。マサカリ打法は、名実ともに坪内さんとの出会いが生んだものだ。

サムライ江藤慎一さんには野球の心を教えられた。

江藤さんは遠征先の宿舎では毎夜若い選手を集め宴会を開く。ビールは体を冷やすからダメだとの持論を曲げず日本酒ばかりだ。私の入団2年目の10月19日、王貞治さんとの首位打者を賭けた大切な試合を翌日に控えていた。いつものように酒盛りが始まる。「明日は大事なゲーム。少し控えたら…」と生意気にもつい口を挟むと一喝された。「バカ者！　打撃はなあ、技術ではない。ハートで打つものだ」。その言葉通り、翌日、翌々日の2試合で8打数4安打。見事首位打者を勝ち取る。江藤さんはサインには必ず〝闘魂〟と書いた。野球は心でやるものだと伝えたのだ。

名手高木守道さんには努力の積み重ねが大きな力になることを教えられた。

高木さんは天才と形容されることが多いが、私にはまさに努力の人だと思われる。守りについては本文で詳しく述べたが、打撃でも相手投手のカウントごとの球種を全て調べるだけでなく、投手のクセまでを入念にメモし、そこから球種を読み取ろうとしていた。「あの投手はなあ、投げる時口を開いたらカーブだぞ」などちょっとした動作を見逃さない。こんな高木さんの観察眼は捕手木俣の目を大きく広げてくれた。

そして、私が出会った最高の投手江夏豊には戦うことの意味を教えられた。

1983年（昭和58）3月6日。私の引退試合として開催された対日本ハム戦。試合前私が「最後はおまえのボールを打ちたい」と話し掛けると、江夏は「わかった」とうなづき、「ストレートだけを投げるからな」と。

六回、「代打木俣」つづいて「ピッチャー江夏」のアナウンスが響き渡る。球場中からの大声援を受け、1球目はストライク、2球目もストライク、そして、3球目、これもど真ん中のストライク。私はフルスイングするが結果はライトフライ。こうして私は、江夏のストレート3球を花道に選手生活の幕を閉じた。江夏に出会えたおかげで私は勝負を賭け真剣に戦った者だけが感じ得る心地よさを知ることができた。

引退後は少年野球の指導を通し、一生懸命練習する子どもとそれを支える大勢の大人たちの姿の中に、「明日のプロ野球への大きな夢」を抱かせていただいた。

「木俣さんは野球少年の素質を見抜く力があり、イチロー選手をはじめ多くのプロ野球選手が少年時代に教えていただき、プロ野球への夢を育んでいきました。教え方の素晴らしさはポイント（点）だけを教えているにもかかわらず、それが線となり一連の動作・流れとなり、即座に結果へとつながることです。正しい歩き方から始まって、呼吸法、合気道、ゴルフなど、さまざまなスポーツの理論を取り入れ、あらゆる手法を使っての指導は素人でも分かりやすいです」

関係者からいただいたお礼の手紙は、私に新たな思いを湧き立たせている。

プロ野球選手として大成するためには、己の持つ資質を最大限磨きあげる努力が必要だ。そのためには闘争心、反

少年野球の指導＝愛知県設楽町で

骨精神等絶えず目標の実現を目指す強い意志を持ち続けなければならない。それらの継続が様々な人との運命的な出会いを演出する。しかし､私はそれ以上に大切なものとして〝感性〟をあげたい。感性を磨くのは家庭であり学校である。これからのプロ野球をより感動的なスポーツにする要因の一つは、家庭教育や学校教育において、〝感性あふれた子ども〟をどう育てるかにかかっていると思うのだ。同一性、均一性を求める教育からは、〝極意を究める選手〟は現れない。一人ひとりの子どもの他とは異なる見方、考え方、そして、挑戦の仕方を大切にする教育こそが〝感性あふれる子ども〟を生み出すのだ。これはプロ野球だけでなく、日本の将来にも大きく関わるものと確信している。

現役引退後28年、67歳の現在まで私が野球と関わり続けてこられたのは何だったのか。それは、野球しか知らない私を、長きにわたり育て、支えて下さった諸先輩をはじめとするプロ野球関係者、そしてファンの皆様のお力添え以外には考えられない。

私の全てを賭けた野球人生。これからも中日スポーツ評論家、中部日本放送解説者としてファンの皆様に感動を与えるメッセージを送り続けたいと心に誓っている。

なお本書出版に当たり、中日新聞社出版部の皆様、支え応援して下さった親友・関係者の皆様に心より感謝する。

2011年（平成23）10月

元中日ドラゴンズ捕手
木俣達彦

参考文献

『ドラゴンズ60年を彩った男たち』 塚田直和編 鹿友社 1995年
『ドラゴンズ70周年特集 ―竜戦士の名人芸―』 中日新聞社
『伝える 私が見てきた野球80年』 杉下茂 著 中日新聞社 2010年
『プロ野球ジーンとくる話』 近藤唯之著 ネスコ 1988
『落合博満の超野球学』 落合博満著 ベースボールマガジン社 2003年
『SADAHARU OH treasures』 王貞治監修 文化社 2010年
『仰木監督の人を活かす「技と心」』 永谷脩著 二見書房 1996年
『野球を面白くした名人たち』 近藤唯之著 太陽企画出版 1988年
『イチロー伝説51』 東日本イチロー研究会監修 双葉社 2010年
『ドラゴンズ裏方人生57年』 足木敏郎著 中日新聞社 2009年
『プロ野球 騒動その舞台裏』 近藤唯之著 新潮社 2014年
『プロ野球 運命の出会い』 近藤唯之著 PHP研究所 2006年
『攻守好走列伝』 ナンバー編 文芸春秋 1989年
『中日ドラゴンズ70年史』 中日新聞社 2006年
『昇竜の軌跡』 池田哲雄編 ベースボールマガジン社 2005年

木俣達彦（きまた　たつひこ）
1944（昭和19）年、愛知県岡崎市生まれ。中京商業高校、中京大学（中退）を経て1964年、中日ドラゴンズ入団。以後、1982年に引退するまでの19年間、長く正捕手を務めた。ベストナイン5回、オールスターゲーム出場8回。1987年から3年間、一軍総合コーチ。1995年、一軍打撃コーチ。現在、中日スポーツ評論家、中部日本放送解説者。岡崎市在住。

ザ・捕手　～私が出会った監督・選手たち

2011年10月17日　初版第1刷発行
2011年11月3日　　第2刷発行

著　者　木俣達彦
発行者　山口宏昭
発行所　中日新聞社
〒460-8511
名古屋市中区三の丸一丁目6番1号
電話　052－201－8811
052－221－1714（出版部直通）
郵便振替　00890－0－10番
編集協力　中日スポーツ
中日ドラゴンズ
読売巨人軍
印　刷　図書印刷株式会社

ISBN978-4-8062-0631-6

『100人の群像Ⅱ』　池田哲雄編　ベースボールマガジン社　2002年
『日本プロ野球60年史』　ベースボールマガジン社　1994年
『その栄光の軌跡　長嶋茂雄』　池田哲雄編　ベースボールマガジン社　1999年
『よみがえる熱球　プロ野球70年　第1集～第11集』　NHK
『星野仙一のインターネット熱闘譜』　星野仙一著　こま書房　1996年
『勝てる監督・使える選手』　江本孟紀著　三笠書房
『監督論　星野仙一の戦略と戦術』　玉木正之著　文芸春秋
『息子　イチロー』　鈴木宣之著　二見書房　2001年